O MÉTODO EINSTEIN DE ADMINISTRAÇÃO DO TEMPO

O Método Einstein de Administração do Tempo
Copyright © 2021 da Starlin Alta Editora e Consultoria Eireli.
ISBN: 978-65-5520-265-6

Todos os direitos estão reservados e protegidos por Lei. Nenhuma parte deste livro, sem autorização prévia por escrito da editora, poderá ser reproduzida ou transmitida. A violação dos Direitos Autorais é crime estabelecido na Lei nº 9.610/98 e com punição de acordo com o artigo 184 do Código Penal.

A editora não se responsabiliza pelo conteúdo da obra, formulada exclusivamente pelo(s) autor(es).

Marcas Registradas: Todos os termos mencionados e reconhecidos como Marca Registrada e/ou Comercial são de responsabilidade de seus proprietários. A editora informa não estar associada a nenhum produto e/ou fornecedor apresentado no livro.

Impresso no Brasil — 1ª Edição, 2021 — Edição revisada conforme o Acordo Ortográfico da Língua Portuguesa de 2009.

Erratas e arquivos de apoio: No site da editora relatamos, com a devida correção, qualquer erro encontrado em nossos livros, bem como disponibilizamos arquivos de apoio se aplicáveis à obra em questão.

Acesse o site www.altabooks.com.br e procure pelo título do livro desejado para ter acesso às erratas, aos arquivos de apoio e/ou a outros conteúdos aplicáveis à obra.

Suporte Técnico: A obra é comercializada na forma em que está, sem direito a suporte técnico ou orientação pessoal/exclusiva ao leitor.

A editora não se responsabiliza pela manutenção, atualização e idioma dos sites referidos pelos autores nesta obra.

Produção Editorial
Editora Alta Books

Gerência Comercial
Daniele Fonseca

Editor de Aquisição
José Rugeri
acquisition@altabooks.com.br

Produtores Editoriais
Illysabelle Trajano
Maria de Lourdes Borges
Thales Silva
Thiê Alves

Marketing Editorial
Livia Carvalho
Gabriela Carvalho
Thiago Brito
marketing@altabooks.com.br

Equipe de Design
Larissa Lima
Marcelli Ferreira
Paulo Gomes

Diretor Editorial
Anderson Vieira

Coordenação Financeira
Solange Souza

Assistente Editorial
Caroline David

Equipe Ass. Editorial
Brenda Rodrigues
Luana Rodrigues
Mariana Portugal
Raquel Porto

Equipe Comercial
Adriana Baricelli
Daiana Costa
Fillipe Amorim
Kaique Luiz
Victor Hugo Morais
Viviane Paiva

Atuaram na edição desta obra:

Revisão Gramatical
Aline Vieira
Ana Carolina Oliveira

Capa
Marcelli Ferreira

Diagramação
Catia Soderi

Dados Internacionais de Catalogação na Publicação (CIP) de acordo com ISBD

G963m	Guimarães, Sérgio
	O Método Einstein de Administração do Tempo / Sérgio Guimarães. - Rio de Janeiro : Alta Books, 2021.
	256 p. ; il. ; 16cm x 23cm.
	Inclui bibliografia e índice.
	ISBN: 978-65-5520-265-6
	1. Autoajuda. 2. Administração do Tempo. 3. Método Einstein. I. Titulo.
2021-3009	CDD 158.1
	CDU 159.947

Elaborado por Vagner Rodolfo da Silva - CRB-8/9410

Ouvidoria: ouvidoria@altabooks.com.br

Editora afiliada à:

Rua Viúva Cláudio, 291 — Bairro Industrial do Jacaré
CEP: 20.970-031 — Rio de Janeiro (RJ)
Tels.: (21) 3278-8069 / 3278-8419
www.altabooks.com.br — altabooks@altabooks.com.br

O MÉTODO EINSTEIN DE ADMINISTRAÇÃO DO TEMPO

SÉRGIO GUIMARÃES

IDEALIZADOR DA ACADEMIA DO TEMPO

ALTA BOOKS
EDITORA

Rio de Janeiro, 2021

AGRADECIMENTOS

Com frequência, ouvimos depoimentos de pessoas que se deixaram guiar por livros e autores renomados. Li e aprendi muito com meus livros e autores favoritos, mas sou especialmente grato ao meu time de gurus particulares. Com eles aprendi muito mais do que a somatória de todos livros que já li — que não foram poucos. Para eles, eu dedico este livro.

Meu primeiro mestre é o meu pai, Sebastião Guimarães, que não por coincidência, é também chamado carinhosamente de mestre pelos seus colegas do Senac. Meu pai foi pioneiro na área de treinamento e consultoria para pequenas empresas do Senac, em São Paulo, e, mais tarde, gerente de recursos humanos do Sebrae de São Paulo. Costumo dizer que sou filho de peixe.

A lista segue com meus queridos gurus e amigos, Jorge Kashiwagura, André Ganzelevith, José Carmo Vieira de Oliveira, Gianmarco Bisaglia, José Carlos Versuri Rodrigues (*in memoriam*) e Cristina González-Montagut.

Não seria o profissional que sou hoje não fosse a generosa orientação e ensinamentos que recebi de todos eles.

DEDICATÓRIA

E, porque o tempo bom é, principalmente, aquele que compartilhamos com nossas pessoas prediletas, dedico este livro a todos os meus queridos. Que, para minha felicidade, não são poucos. Dos meus amigos e professores de infância do colégio Mary Ward aos colegas mais recentes. Dos meus avós de Franca e Laranjal Paulista aos meus pais, minha irmã, minhas filhas, tios, primos e sobrinhos amados.

SOBRE O AUTOR

Sérgio Guimarães é publicitário pela ESPM com especialização em Design Instrucional, Tutoria em Ambientes Virtuais e Gerenciamento de Estresse.

Foi consultor parceiro do Senac-SP e do Sebrae-SP, conteudista do Sebrae Nacional e professor na pós-graduação da Unicamp e da Universidade São Judas.

Em 2010, criou Academia do Tempo e concentrou sua atuação profissional em duas paixões: ministrar cursos e palestras, e os temas administração do tempo, produtividade e qualidade de vida.

Entre seus clientes, figuram grandes empresas e instituições como Aché Laboratórios Farmacêuticos, Águas do Brasil, Assaí Atacadista, Braskem, Caixa Econômica Federal, Cia. do Metropolitano de São Paulo, Consulado dos Estados Unidos, CPFL Energia, Cyrella, FINEP, Johnson & Johnson, Lojas Marisa, Ministério da Fazenda, Siemens e TSE (Tribunal Superior Eleitoral), entre outros.

Como bom praticante das suas técnicas e metodologia, além de atender clientes em todo Brasil, ele ainda encontra tempo de qualidade para fazer trilhas de *mountain bike*, ler histórias em quadrinhos e livros de filosofia, bem como curtir a família e os amigos.

SUMÁRIO

Como este livro está organizado 8
Prefácio 1 9
Prefácio 2 11

PARTE I

Introdução — Mais ferramentas, menos tempo? 13
1. O que é o tempo? 27

PARTE II

2. Tempo e resultados 39
3. O Método Einstein 47
4. Projetos 61
5. Rotinas 93
6. Crises e imprevistos 103

PARTE III

7. A lista de tarefas 109
8. O Método Einstein e a lista de tarefas 131
9. O que temos para amanhã? 151
10. O que temos para hoje? 189
11. O que temos para ontem? 205
12. Pergunta bônus: o que temos para o sábado? 219

PARTE IV

13. Papéis 225
14. Propósitos 237
15. Uma luz no fim do túnel 243
16. Desafio final 247

Bibliografia 251
Índice 254

COMO ESTE LIVRO
ESTÁ ORGANIZADO

Esta obra está dividida em 4 partes e 16 capítulos.

A primeira parte, além de um amplo panorama sobre a nossa conturbada relação com o tempo e o desafio das agendas eternamente lotadas, aborda também a definição e as características do tempo.

A segunda parte, entre os Capítulos 2 a 6, introduz minha metodologia de administração do tempo, o Método Einstein, bem como os conceitos de projetos, rotinas, crises e imprevistos que permeiam o método.

A convergência entre agenda e a lista de tarefas com o Método Einstein é detalhada entre os Capítulos 7 e 12.

Os últimos capítulos apresentam os conceitos de papéis e propósitos de vida, uma visão — otimista — sobre os novos rumos da administração do tempo e uma reflexão final.

O livro conta ainda com dezenas de dicas e atividades práticas, além de várias indicações de arquivos complementares disponíveis para download.

Há arquivos disponíveis para download no site da editora (www.alta-books.com.br) e também no site do autor (www.academiadotempo.com.br).

PREFÁCIO

1

Em 2019, organizei um congresso para voluntários que, assim como eu, trabalham com crianças e adolescentes com câncer. Na fase de pesquisa de temas a serem abordados, foi sugerido o tema "gestão do tempo". Confesso que não sabia que esse assunto era tão importante e discutido no meio profissional.

Procurei quem poderia nos ajudar a atender essa demanda e recebi referências muito positivas da "Academia do Tempo"; foi quando conheci o Sérgio que já no primeiro contato me recebeu com muito carinho e se dispôs a ajudar.

Maravilha! O congresso aconteceu, foi excelente e a palestra do Sérgio foi o ponto alto.

Compreendemos que o tempo, se utilizado de forma organizada, inteligente e saudável não gera estresse, fenômeno que assola grande parte da população, e entendemos que se dedicar a outros é uma doação de amor, bem como uma doação de tempo; recurso hoje tão disputado.

Quando recebi o convite para escrever este prefácio fiquei lisonjeada. Li o livro e cheguei a conclusão do porquê ter sido chamada pelo Sérgio: ser voluntária e amar o que faço.

Lendo o livro percebi que se tivesse conhecimento do Método Einstein teria comido o elefante... por partes, pedaço por pedaço.

Explico: chegou uma época da minha vida que, após uma significativa reflexão, decidi ser voluntária. Gerei uma crise enorme de ordem pessoal e doméstica!

Naquele momento, os conceitos e o método descritos neste livro poderiam ter me ajudado. Por mais simples ou complexo que seja o projeto, ele deve ser realizado por partes.

Nesse caso, escolhendo o tipo de atividade, qual a instituição onde me voluntariar, quanto tempo iria me dedicar ao trabalho, enfim, todas etapas e análises que um projeto requer. Comigo não foi assim. Foi na raça! Não preparei o elefante. Lógico que a crise se instalou.

Felizmente, depois de ajustes, com vontade e determinação, o projeto foi em frente e a rotina se amoldou às novas necessidades.

Aproveitem e apliquem o método desenvolvido pelo Sérgio em suas vidas. Tenho certeza de que encontrarão tempo para ter uma existência mais equilibrada, saudável e muito mais feliz.

Permitam-se deslumbrar com belezas que nos rodeiam. Percam esse tempo!

Valorizem as rotinas e tenham prazer em olhar para o infinito; não se preocupem se forem classificados como lunáticos.

Estar com aqueles que amamos, fazer algo pelos outros, são ferramentas que nos ajudam.

Desejo a todos sucesso nesse nosso desafio constante de mudar rotinas, administrar crises e concretizar projetos... enfim, viver!

Valeu, Sérgio!

Vera Lúcia de Paula Silva
Vice-Presidente da CONIACC
Confederação Nacional das Instituições
de Apoio e Assistência à Criança e
ao Adolescente com Câncer

PREFÁCIO

2

Tive a oportunidade de conhecer o Sérgio em eventos que organizamos para executivos de diversos setores corporativos, abrilhantando oficinas práticas com conteúdo enriquecedor, e uma didática que realmente fez a diferença para os projetos e seus participantes.

O tempo é o bem mais precioso na vida corporativa tão corrida dos profissionais de hoje e saber administrá-lo é fundamental para manter a produtividade e o cumprimento adequado de nossas responsabilidades. É também essencial para manter o equilíbrio entre a vida profissional e o bem-estar pessoal. E foi exatamente isso que o Sérgio ensinou, com conceitos e metodologias práticas que podem ser facilmente implementadas por qualquer um no seu dia a dia. Como identificar as principais prioridades, as falhas na administração do tempo, como minimizar esforços e potencializar resultados nesta gestão foram seus ensinamentos que ficaram "cravados" em nossas mentes até hoje.

Fico feliz em ver que, agora, com este novo livro, seus ensinamentos poderão ser amplamente compartilhados aos interessados pelo assunto — os quais, ao meu ver, são de interesse de todos, sem exceção. Em mais de duzentas páginas e dezesseis capítulos, um verdadeiro guia para administrar o tempo se desenrola aos olhos do leitor, reunindo uma série de técnicas consagradas, metáforas que nos levam a refletir e muitos — mas muitos — exemplos práticos.

Certamente o tempo investido nesta leitura de longe se paga e fico feliz por todos aqueles que se dão a oportunidade de ler esta obra, certo de que teremos ainda muitas novas edições nos anos que seguem, para dar continuidade nesta matéria tão importante na vida de todos nós.

Como diria Einstein: *"Falta de tempo é a desculpa daqueles que perdem tempo por falta de planejamento"*. Sérgio Guimarães, nesta obra, nos mostra exatamente como fazer o tempo sobrar.

André Laurenti Ramos
Diretor Executivo – BlueOcean Business Events

PARTE I

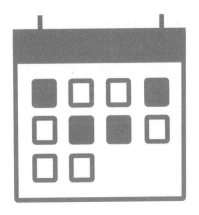

Introdução — Mais ferramentas, MENOS TEMPO?

> "O paradoxo do tempo é que são raros os que acreditam ter o suficiente, embora todos tenham a sua totalidade".
>
> Jean-Louis Servan-Schreiber
> Jornalista e escritor
> francês (1937).

Vivemos em tempos complicados. Em nenhum outro momento da história, a ciência e a tecnologia ofereceram tantas ferramentas e recursos de organização, conforto e produtividade. Desde o micro-ondas, as sopas instantâneas e as lasanhas congeladas até o e-mail, os smartphones e os aplicativos de trânsito, as promessas são, de certo modo, semelhantes: menos tempo na cozinha, menos tempo nos congestionamentos, menos tempo trabalhando, menos tempo esperando o carteiro, menos tempo na fila do banco e menos tempo tentando descobrir o nome da capital de Liechtenstein.

Com alguns minutos e um simples smartphone, somos capazes de enviar e-mails e mensagens, participar de videoconferências, escanear documentos, pagar contas e fazer transferências, consultar a agenda, pedir um yakissoba, chamar um táxi, encontrar a rota mais rápida até a aeroporto e fazer o check-in de um voo para Vitória. Além, é claro, de ligar para a casa da mamãe. Tudo muito rápido. Tudo muito simples. Tudo muito prático. Nunca a oferta de facilidades e recursos foi tão ampla e acessível como agora.

Segundo dados da Agência Nacional de Telecomunicações (Anatel), de abril de 2019, o Brasil possui 228 milhões celulares ativos para uma população de 209 milhões de pessoas. Temos mais celulares do que pessoas! Isso tudo sem contar com os notebooks, tablets, Smart TVs, automóveis com computadores de bordo e terminais de autoatendimento nos bancos, aeroportos, fast-foods e estacionamentos. O tablet da Pequena Sereia da minha sobrinha, além de rodar games viciantes e exibir desenhos da Peppa Pig, executa alguns aplicativos que causariam inveja a grandes nomes da história da organização e da produtividade como Ford, Eisenhower e Franklin.

Entretanto, é obvio que alguma coisa não está dando certo. Por mais que a tecnologia avance, a promessa de uma vida menos caótica, mais equilibrada e com mais tempo livre para, por exemplo, o lazer e a família, parece um sonho cada vez mais distante e utópico. Nunca tantas pessoas sofreram tanto com a falta de tempo e o excesso de trabalho. Os dias parecem passar cada vez mais rápidos, e 24 horas, aparentemente, não são suficientes para dar conta de tantas demandas e exigências pessoais e profissionais. A vida segue caminhando, enquanto projetos e oportunidades se perdem entre centenas de distrações e itens inúteis de uma agenda sobrecarregada, atrapalhada e estressante. Não temos mais tempo para a família, para os amigos, para o lazer, para o estudo, para o descanso, para a espiritualidade e os cuidados com a saúde.

Em alguns aspectos, parece até que retrocedemos na história. No início da Revolução Industrial, por exemplo, jornadas de trabalho entre 14 a 18 horas por dia eram comuns nas antigas tecelagens da Inglaterra. Esta situação perdurou até o final do século XVIII, quando o movimento liderado, entre outros, pelo ativista galês Robert Owen (1771–1858) inspirou empregadores de todos os cantos a adotar gradativamente a jornada de trabalho de oito horas. O então revolucionário slogan de Owen, um dos fundadores do socialismo e do cooperativismo, era "oito horas de trabalho, oito horas de lazer, oito horas de descanso."

Hoje, esse slogan soa um tanto quanto melancólico. Quantas pessoas você conhece que realmente trabalham apenas oito horas por dia e conseguem preservar suas 16 horas de lazer e descanso? Basta somar o tempo dedicado à jornada de trabalho com o tempo desperdiçado nos congestionamentos ou no transporte público e nas frequentes horas extras, para encontramos milhões de profissionais que trabalham muito além das oito horas por dia. São pessoas que voltaram para o passado e praticamente vivem no início da Revolução Industrial.

O conceito de tempo justo do livro de Eclesiastes[1], que afirma que existe um tempo certo para tudo debaixo do céu, parece até ter saído de moda. Hoje, é possível comprar uma guitarra, assistir a um ou dois episódios da sua série favorita num serviço de streaming, dar um pulo num fast-food ou fazer uma aula de pilates às três horas da manhã. Na frenética cultura 24/7, uma abreviação para 24 horas por dia, 7 dias por semana, na qual a economia força tudo e todos a funcionar sem descanso e sem interrupções, há, aparentemente, tempo para tudo ao mesmo tempo, que não há um tempo certo para nada. A sociedade moderna revogou o Eclesiastes.

À primeira vista, ter a possibilidade e a liberdade para comprar uma guitarra, devorar um Big Mac ou fazer qualquer outra coisa às três horas da madrugada pode até parecer uma conquista, mas e o tempo para o sono? É razoável supor que boa parte das pessoas que escolheram comprar uma guitarra de madrugada, o fazem porque não tiveram tempo livre durante o dia. Não vejo onde ganhar tempo para consumir e renunciar ao tempo indispensável para o descanso seja uma conquista.

Estamos, a propósito, dormindo menos. Um amplo estudo desenvolvido por pesquisadores do Instituto do Sono e da Universidade Federal de São Paulo, entre 2007 e 2016, afirma que o tempo de sono do brasileiro encolheu cerca de meia hora. Os homens estão, em média, dormindo 20 minutos a menos do que dez anos atrás, enquanto as mulheres, ainda penalizadas pela cultura machista e desigualdade de gênero, perderam preciosos 40 minutos de sono.

O tempo para o trabalho e o consumo invadiu os momentos de sono e de lazer. É uma questão de aritmética básica. Quanto mais tempo você ocupa trabalhando, consumindo ou enfrentando um desgastante congestionamento, menos tempo você tem para todo o resto. Para a maioria das pessoas, cortar algumas horas de sono ou de lazer parece ser a alternativa mais prática e viável para fechar a conta e atender a todas as responsabilidades e

---

1 O livro de Eclesiastes faz parte dos livros poéticos e sapienciais do Antigo Testamento da Bíblia cristã e judaica, vem depois do Livro dos Provérbios e antes de Cântico dos Cânticos. No texto faço menção ao versículo 3.1 Tudo tem o seu tempo determinado, e há tempo para todo o propósito debaixo do céu.

pendências da agenda. O caso é que dormir pouco não afeta somente o nosso humor ou causa olheiras. Antes fosse só isso.

Muitos estudos comprovam que dormir menos de oito horas por dia pode resultar no aumento de moléculas responsáveis por danos celebrais, estimular a obesidade, comprometer o sistema imunológico, acelerar o envelhecimento da pele, bem como aumentar os níveis da pressão arterial e o risco de desenvolver diabetes tipo 2. De fato, basta apenas uma noite mal dormida para que nossa capacidade de aprendizagem, concentração e tomada de decisão sejam severamente comprometidas. O corpo e a mente precisam de descanso. Perdemos mais do que ganhamos.

E, não para por aí. No Japão, o desequilíbrio entre os períodos de trabalho, sono e lazer é tão grande que todos os anos centenas, talvez milhares de pessoas, literalmente, trabalham até morrer. Na Terra do Sol Nascente, a palavra karoshi é usada para reconhecer oficialmente as mortes por excesso de trabalho, sejam elas causadas por um ataque cardíaco, um acidente vascular cerebral (AVC) ou até mesmo um suicídio. Foi o que aconteceu, em julho de 2015, com Kiyotaka Serizawa, um homem de 34 anos que se matou depois de trabalhar 90 horas por semana, durante os últimos meses de sua vida como supervisor em uma empresa de manutenção em prédios de apartamentos. Os números oficiais do Ministério do Trabalho Japonês apontam para 189 mortes por karoshi somente em 2015.

Especialistas acreditam que o número real ultrapasse quatro dígitos. A morte por karoshi de Kiyotaka Serizawa foi oficialmente reconhecida um ano após seu corpo ser encontrado em seu carro, próximo à prefeitura de Nagano, uma pequena província litorânea distante 241 km de Tóquio. Ele queimou alguns briquetes de madeira em seu carro e morreu de intoxicação por monóxido de carbono. O reconhecimento do governo garantiu à sua família o direito a uma compensação através de um de sistema de benefícios aos trabalhadores. Mais de dois mil pedidos de análise para morte por karoshi são abertos todos os anos no Japão.

Infelizmente não precisamos ir tão longe para encontrar outros exemplos e dados desconcertantes. Em julho de 2019, o entregador Thiago de Jesus Dias, sofreu um acidente vascular cerebral (AVC) e faleceu enquanto fazia uma entrega com sua moto na região de Perdizes, em São Paulo. Aos jornais, a família do motociclista revelou que o jovem, de apenas 33 anos, trabalhava mais de doze horas por dia, sem descanso, de segunda a segunda. Thiago trabalhava como parceiro de um popular aplicativo de entregas. Ironicamente, uma dessas ferramentas que prometem uma vida mais prática e confortável[2].

Tem mais, técnicos da nossa Previdência Social afirmam que o estresse lidera o ranking dos motivos mais frequentes para licenças, afastamentos e ausências do trabalho. Segundo Ana Maria Rossi, doutora em psicologia e presidente da ISMA-BR (International Stress Management Association no Brasil), o nosso país é o segundo com maior incidência de estresse entre trabalhadores no mundo, ficando atrás apenas do Japão, o país do karoshi, e à frente dos Estados Unidos, a competitiva nação do mantra "Time is Money". Estudos da ISMA ainda alertam que 30% dos profissionais brasileiros sofrem de Síndrome de Burnout, uma espécie de estresse devastador que causa exaustão física e mental aguda, graves problemas emocionais e de relacionamento[3].

Acredite ou não, já fui contratado por uma rede de home centers com a missão explícita de convencer seus gerentes e diretores de loja a trabalhar menos. Um levantamento do setor de Recursos Humanos mostrou que os gerentes e diretores estavam esticando cada vez mais as jornadas de trabalho e, consequentemente, cometendo cada vez mais erros e produzindo resultados cada vez piores. Um mês antes da minha contratação, um gerente de loja desmaiou no meio da área de vendas depois de ter trabalhado, praticamente sem descanso, durante todo o fim de semana.

Em outra loja da rede, uma hora antes do final do expediente, um diretor, exausto, tomou uma decisão impulsiva e descabida que gerou um prejuízo histórico para a empresa. No dia seguinte, após uma tardia noite de

---

2 Fonte: https://g1.globo.com/sp/sao-paulo/noticia/2019/07/12/irmao-diz-que-entrega-dor-morto-depois-de-sofrer-avc-durante-entrega-trabalhava-mais-de-12-horas-por--dia.ghtml. Acesso em 26/08/2018.

3 Fonte: http://saude.gov.br/saude-de-a-z/saude-mental/sindrome-de-burnout acesso em 26/11/2018 ou https://drauziovarella.uol.com.br/doencas-e-sintomas/sindrome--de-burnout-esgotamento-profissional/. Acesso em 26/11/2018.

sono, ele arriscou dizer em sua defesa que se não fosse o cansaço extremo, jamais teria tomado aquela decisão. É bem provável.

O caso do gerente que desmaiou na loja remete a um cenário clássico de desequilíbrio, superocupação, improdutividade e má administração do tempo. Antes do incidente, esse gerente seguia uma rotina de trabalho insana e sem descanso, porque provavelmente acreditava que não tinha tempo para parar, que era insubstituível e que seu sangue, suor e dedicação seriam reconhecidos e recompensados, não só pela empresa, como também por sua família e amigos.

Depois do desmaio e um previsível diagnóstico de estresse agudo, esse gerente foi afastado durante quinze dias do trabalho. Sem enfrentar grandes problemas para encontrar um bom substituto temporário, a empresa seguiu em frente enquanto o gerente ficava em casa, em repouso absoluto, assistindo Sessão da Tarde e comendo pipoca e tomando refrigerante.

Está aí uma história difícil de entender. Como é que alguém que não tem tempo e não pode parar, de repente, encontra um vazio de duas semanas na agenda para ficar em casa de repouso? Se ele não tinha tempo para parar antes, onde ele arrumou esse tempo depois? E mais, quem é insubstituível? Não é à toa que os consultórios de médicos e psiquiatras andam lotados de profissionais estressados, supostamente insubstituíveis e sem tempo.

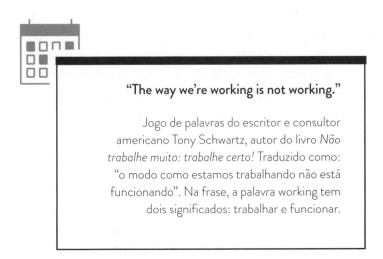

"The way we're working is not working."

Jogo de palavras do escritor e consultor americano Tony Schwartz, autor do livro *Não trabalhe muito: trabalhe certo!* Traduzido como: "o modo como estamos trabalhando não está funcionando". Na frase, a palavra working tem dois significados: trabalhar e funcionar.

Aliás, desde quando que trabalhar demais é sinônimo de produtividade? Produtividade, de acordo com o Dicionário Aurélio, é a relação entre a quantidade ou valor produzido, e a quantidade ou valor dos insumos e recursos aplicados à produção. Desse modo, podemos afirmar que, na ótica deste livro, pessoas mais produtivas são aquelas que produzem mais resultados em menos tempo.

Todavia, é cada vez mais fácil encontrar pessoas e organizações que deturparam o significado do termo produtividade e acreditam firmemente que quem trabalha mais, gera mais resultados. São os defensores (ou vítimas!) da superocupação e das jornadas de trabalho e horas extras sem fim. Ao contrário dos profissionais com foco em resultados, que trabalham menos, preservam o equilíbrio entre a vida privada e a vida profissional, e se concentram nas atividades que efetivamente produzem mais resultados, os profissionais superocupados acreditam nas agendas eternamente lotadas e na dedicação sem limites ao trabalho. O slogan "fazer mais em menos tempo", preconizado no início do Século XX por visionários como Frederick Taylor e Henry Ford, foi gradativamente perdendo espaço para o descabido "fazer mais em mais tempo"[4].

As consequências são perturbadoras. Em 1978, na obra *Humano, demasiado humano*, Friedrich Nietzsche (1844–1900) já alertava sobre os riscos da super ocupação.

Para o filósofo alemão, os superocupados ou, nas palavras dele, os inquietos do Século XX, não trabalhavam para desfrutar dos resultados do seu esforço, isto é, para viver melhor, com mais conforto e mais segurança. Eles apenas trabalhavam por trabalhar. A superocupação estaria levando a humanidade a um novo estágio de barbárie, onde o trabalho não era mais visto como um meio, mas um fim em si mesmo.

---

4 Entre várias propostas inovadores e polêmicas, o engenheiro mecânico americano, Frederick Taylor, considerado o pai da Administração Científica, introduziu, por exemplo, a padronização dos métodos de trabalho, como também o modelo de remuneração por produção. O empreendedor americano e fundador da Ford Motor Company, Henry Ford, por sua vez, foi o idealizador das modernas linhas de montagem utilizadas na produção em massa.

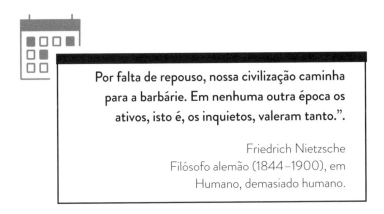

Por falta de repouso, nossa civilização caminha para a barbárie. Em nenhuma outra época os ativos, isto é, os inquietos, valeram tanto.".

Friedrich Nietzsche
Filósofo alemão (1844-1900), em
Humano, demasiado humano.

Esta visão é, atualmente, compartilhada pelo filósofo sul-coreano, Byung-Chul Han, autor do ácido e profético ensaio *Sociedade do Cansaço*, de 2014. Para o filósofo, radicado na Alemanha, hoje, as pessoas são livres da exploração e da obrigação de trabalhar demais, apesar disso, mesmo que inconscientemente, muitas escolhem as jornadas excessivas de trabalho, numa espécie de autoflagelação. Para o professor de Filosofia na Universidade de Artes de Berlim, a constante sensação de cansaço equivale a um novo e doentio estilo de vida.

O que não faltam são exemplos onde ecoam os pontos de vista de Nietzsche e Byung-Chul. No livro *Sleeping With Your Smartphone: How to Break the 24/7 Habit and Change the Way You Work* (Dormindo com seu Smartphone: como quebrar o hábito 24/7 e mudar a maneira como você trabalha, sem tradução para o Brasil)[5], a consultora e professora da Harvard Business School (HBS), Leslie Perlow, relata sua experiência com uma equipe de seis profissionais da The Boston Consulting Group (BCG), uma das maiores e mais importantes empresas de consultoria de gestão do mundo.

Sempre superocupados e conectados, estes seis consultores enfrentavam semanas de trabalho, sem descanso, e estavam habituados a trabalhar e consultar seus e-mails e mensagens eletrônicas o tempo todo e em qualquer lugar, ao levantar e até antes de dormir. Estar 100% do tempo online e disponíveis, fazia com que estes consultores experimentassem a desconfortável e

---

5 Tradução livre do autor.

estressante sensação de estar sempre trabalhando, fosse em casa, durante as refeições, nos fins de semana, nas férias ou até mesmo no banheiro.

Os seis consultores da The Boston Consulting Group são bons exemplos do que eu chamo de superocupados involuntários. Arrisco dizer que são a maioria. Estudos com animais e pesquisas com seres humanos conduzidos pelo psicólogo americano Martin Seligman, Ex-Presidente da Associação Americana de Psicologia e autor do best-seller *Felicidade Autêntica*, comprovaram que, muitas vezes, as pessoas tendem a aceitar passivamente uma situação de desconforto ou exploração, como jornadas de trabalho demasiadamente longas, excesso de tarefas inúteis, prazos apertados, reuniões desnecessárias, ambiente improdutivo, liderança tóxica, poucas expectativas de crescimento profissional e processos obsoletos e ineficazes.

Seligman chama esse comportamento de impotência aprendida. Uma espécie de autossabotagem crônica, marcada pela crença de que somos todos vítimas da escassez de tempo e do capitalismo selvagem e que, não há, portanto, alternativa, senão aceitar as coisas como elas são e seguir trabalhando até o último e-mail. A impotência aprendida transforma nossa zona de conforto numa zona de desconforto estressante, porém tolerável. Isso é preocupante![6]

Liderados pela colega de equipe, Deborah Lovich, e com o apoio de Leslie Perlow, os consultores da BCG adotaram gradativamente uma série de pequenas medidas a fim de reduzir as jornadas de trabalho ininterruptas, bem como o uso indiscriminado do celular. Entre elas, manter o celular desligado por, pelo menos, uma noite por semana, a gestão de tempo para o trabalho e para o descanso, negociada entre os colegas do grupo, e o diálogo mais aberto e franco entre seus pares e clientes.

Animada com os resultados da equipe de Deborah Lovich, a BCG seguiu expandindo o programa com centenas de equipes em 77 escritórios espalhados em 40 países. Numa matéria para a Havard Business Review

---

6 Para a psicologia, zona de conforto é o espaço subjetivo preenchido por ações, pensamentos e comportamentos que uma pessoa está acostumada a ter e que não causa nela nenhum tipo de medo, ansiedade ou risco. É uma região onde nenhum indivíduo se sente ameaçado.

(HBR), Leslie Perlow afirma que 55% dos consultores da BCG, que participaram do programa, apresentaram sinais concretos de aumento de produtividade, e, 74% declararam um forte interesse em permanecer na empresa. Nada mal.

Fundador da empresa de consultoria The Energy Project e autor do livro *Não trabalhe muito: trabalhe certo!* O americano Tony Schwartz é mais um fervoroso crítico do estilo "sempre ocupado", e defensor do equilíbrio entre a vida pessoal e a vida profissional. O consultor afirma que trabalhar cada vez mais e mais, paradoxalmente, gera cada vez menos e menos. De fato, vários estudos comprovam que a produtividade cai consideravelmente após 50 horas de trabalho por semana, chegando a um ponto em que as horas de trabalho excedentes, literalmente, não contribuem para produzir mais nada de valor.

Ou pior. Segundo alguns estudos realizados nos EUA, profissionais que trabalham, em média, mais do que oito horas por dia têm maior propensão ao consumo de cigarros e bebidas alcoólicas. Por sua vez, os expedientes acima de dez horas diárias são responsáveis por um salto de 60% em diagnósticos de problemas cardiovasculares. Esticar sistematicamente a jornada de trabalho costuma também afetar o relacionamento dos casais, além de levar a um crescimento significativo de casos de obesidade e depressão.

Schwartz desenvolve ações de consultoria, conscientização e mudança de comportamento em grandes empresas, como Google, Nestlé e Coca-Cola, onde defende a busca pelo equilíbrio entre as quatro forças capazes de aumentar o desempenho pessoal e profissional, ou seja, o corpo, a mente, a emoção e o espírito. Para Schwartz, os líderes devem estar não só atentos ao desempenho dos colaboradores, mas também observar se eles praticam atividade física, fazem intervalos regulares e alimentam-se adequadamente.

Na Sony, outra empresa atendida por Schwartz, os funcionários são encorajados por seus líderes a praticar algum tipo de atividade física e fazer pequenos intervalos durante a jornada de trabalho. Para 80% desses colaboradores, o equilíbrio entre trabalho e vida pessoal melhorou significativamente. Não há como negar a relação entre a produtividade e o desempenho profissional com uma boa alimentação, atividade física e o descanso adequado.

Seja por vontade própria ou não, trabalhar demais e ser superocupado, definitivamente, não é uma boa aposta. O fato é que ninguém que trabalha além do razoável, e de quebra sacrifica a saúde ou vida pessoal, é mais produtivo. Na esmagadora maioria das vezes, mais trabalho significa apenas mais trabalho. Ou pior, mais trabalho pode significar também mais estresse, menos descanso, menos horas de sono, menos saúde e menos tempo para o lazer, para a família e amigos.

Essa soma de equívocos e absurdos nos leva às consequências, para dizer o mínimo, melancólicas. No livro *Antes de Partir: uma vida transformada pelo convívio com pessoas diante da morte*, a escritora e compositora australiana, Bronnie Ware, compartilha com os leitores sua experiência como enfermeira responsável por prestar cuidados paliativos a pacientes terminais, a grande maioria deles com câncer. Segundo Bronnie, ter trabalhado demais e não ter tido a coragem de viver uma vida autêntica, e sim a vida que os outros esperavam, são dois dos arrependimentos mais comuns para quem tem a consciência que o seu tempo está próximo do fim.

Não ter dedicado mais tempo para a família e os amigos é outro arrependimento frequente descrito no livro *Um Mês Para Viver*, do casal de pastores americanos, Kerry Shook e Chris Shook, que tal como a enfermeira australiana, também trabalham com pacientes terminais.

Se por um lado o problema não é a falta de ferramentas, facilidades ou novos modelos de gestão, não podemos também colocar a culpa na falta de tempo. Podemos até ter pouco — o que é muito relativo, como diria Einstein —, mas todos temos tempo. O tempo é o mais democrático dos recursos. Os meus dias duram 24 horas. Os seus dias também. Todo mundo no mundo desfruta de dias com 24 horas. Basta estar vivo para ter tempo. Faz parte do pacote básico. Contudo, parece que quase ninguém se dá conta de que não é possível ter mais tempo. Temos todo o tempo disponível.

Certa vez, fui convidado para participar como entrevistado da edição especial de sábado do programa Mundo Corporativo, na rádio CBN. O âncora do programa, na ocasião, o sempre divertido e espirituoso jornalista, Heródoto Barbeiro, começou a entrevista disparando com uma pitada de ironia: "Sérgio, como transformar um dia de 24 horas num dia de 36 horas?". Complicado. Quem não gostaria de dias de 36 horas ou finais de semana com três domingos?

O mestre da gestão pela qualidade, Edwards Deming (1900–1993), costumava dizer que fazer a pergunta certa é o primeiro passo na direção da solução de um problema. Como transformar um dia de 24 horas num dia de 36 horas? Serviu muito bem para quebrar o gelo e acrescentar uma dose de humor no início da minha entrevista, mas é a pergunta errada. Não precisamos de mais tempo, tampouco do último modelo de smartphone, ou de mais lasanhas congeladas no freezer.

Qual seria, então, a pergunta correta? Na minha opinião, seria algo mais ou menos assim: Como dar mais qualidade ao meu tempo? Como desfrutar melhor do meu tempo? Ou ainda, como usar o meu tempo com mais inteligência e bom senso?

Temos tempo e ferramentas. Por outro lado, insistimos em trabalhar muito além do razoável e adotar estratégias de gestão de tempo ineficazes, equivocadas e obsoletas. Precisamos de métodos e disciplina.

É disso que trata este livro, um guia prático de como usar o seu tempo. Não é possível ter mais tempo. Na verdade, sequer precisamos de mais tempo. Temos todo o tempo disponível e necessário. Entretanto, você pode (e deve!) usar o seu tempo com mais sabedoria, e, assim, conquistar uma vida mais leve, produtiva e equilibrada. E, quem sabe até, quando começar a colocar em prática os métodos e dicas deste livro, você tenha a gostosa e gratificante sensação de que, afinal, tem mais tempo!

A propósito, a capital de Liechtenstein, um minúsculo principado com pouco mais de 34 mil habitantes, localizado no centro da Europa, entre a Áustria e a Suíça, é Vaduz.

O QUE É
O TEMPO?

"Discutir o tempo é algo muito complicado, pois o tempo parece ser, quando não tentamos discorrer sobre ele, algo simples, que todo o mundo conhece. Basta, porém, tentar teorizar sobre ele para que nos vejamos diante de grande confusão".

Trecho da obra *Confissões*,
de Santo Agostinho (354-430)
Bispo, escritor, teólogo
e filósofo argelino

"O tempo é resistente a uma definição simples".

Carl Sagan, cientista e escritor
americano (1934 - 1996)

Depois dos problemas e desafios que relacionei na introdução deste livro, seria bem razoável começar este novo Capítulo apresentando de uma vez meus métodos, dicas e sugestões de administração do tempo. Porém, antes disso, precisamos tratar de um outro ponto que considero extremamente relevante.

Sempre defendi a tese de que somente aqueles que compreendem o tempo são capazes de administrá-lo com eficácia. Na verdade, este argumento não tem nada de novo. Trata-se apenas de um preceito básico de administração. Ninguém é capaz de administrar com competência e eficácia algo que não conheça profundamente. Seja o tempo ou qualquer outra coisa. Para administrar uma pastelaria, por exemplo, é preciso entender, além de administração, de pastel. O proprietário ou gerente de uma pastelaria pode até contratar um funcionário que faça a massa, prepare os recheios, monte e frite os pastéis. Mas se ele não entender de pastel, é bem provável que a pastelaria não prospere e acabe falindo. Ele sequer será capaz de comprar o óleo mais adequado para fritar os pastéis, a melhor farinha para a massa ou mesmo contratar um bom pasteleiro. Este princípio é aplicável em qualquer outro cenário que você imaginar, de uma modesta pastelaria, a uma gigante multinacional. Seguindo este raciocínio, podemos concluir, portanto, que para administrar bem o tempo é necessário, antes de qualquer outra coisa, saber o que é o tempo. E, o que é o tempo, afinal?

Justamente por esse motivo que, muitas vezes, costumo abrir meus cursos e palestras pedindo aos participantes uma breve definição do tempo. É sempre muito divertido e desafiador. Como disse certa vez o bispo e filósofo Santo Agostinho: "Todos pensam que sabem o que é o tempo, mas são poucos os que realmente conseguem explicar o que ele é". Não é à toa que a sua definição seja um tema tão presente e polêmico na tradição filosófica. Além de Santo Agostinho, o tempo é um objeto recorrente e controverso da filosofia de Heráclito, Platão e Aristóteles, Karl Marx e Bertrand Russel, entre outros tantos.

Nem mesmo a ciência fechou essa questão. Há quem, por um lado, defenda, como Isaac Newton (1643–1727), que o tempo é uma força imutável e constante, como uma flecha que parte do passado e segue para o futuro sempre na mesma direção e na mesma velocidade. Enquanto nas palavras de Albert Einstein (1879–1955), os conceitos de passado, presente e futuro são apenas ilusões, ou seja, o tempo é relativo. Segundo a teoria da relatividade, eventos muitos distantes entre si podem estar no futuro para uma pessoa e no passado para outra. Muito doido isso[1].

TEMPO É DINHEIRO?

Depois de três ou cinco minutos de reflexão e discussões calorosas, alguns participantes contribuem com definições inspiradas, divertidas, filosóficas e até poéticas que renderiam outro livro. Algumas definições, naturalmente, se repetem com alguma frequência: *tempo é a matéria prima da vida; tempo é algo que nunca volta; tempo é o que perdemos enquanto tentamos definir o tempo; tempo é o intervalo entre o antes e o depois....*

E temos também a definição clássica que sempre é lembrada. Em todo curso ou palestra, ao menos um participante dispara, sem hesitação, a célebre frase do jornalista, diplomata e inventor americano, Benjamin Franklin (1706–1790): "Tempo é dinheiro".

Então, não é! Deixando de lado as brincadeiras e frases de efeito, é mais do que evidente que tempo e dinheiro são coisas muito diferentes. Por outro lado, confrontar e comparar o tempo com o dinheiro pode ser uma abordagem bem interessante.

---

1 Fonte: https://super.abril.com.br/mundo-estranho/o-que-e-a-teoria-da-relatividade-2/. Acesso em 07/05/2019.

TEMPO É UM RECURSO!

Vamos começar pelas semelhanças. Ou melhor, pela única semelhança. Tempo e dinheiro são recursos. E o que são recursos? *Recursos são os meios que podemos dispor para realizar algo*. Grave bem este conceito, porque daqui para frente ele será muito importante para nós. Na indústria, a matéria-prima é um recurso, pois é através dela que se *realiza* o produto acabado. Numa fábrica, por exemplo, a matéria-prima celulose se transforma em papel, e a sílica, presente na areia, em vidro. Em qualquer empresa, os funcionários também são habitualmente chamados de *recursos humanos*, pois a expectativa da organização é de que cada um deles *realize algo*, seja uma venda, a contratação de um serviço ou a criação de um novo produto.

A lista de recursos é grande e diversificada. Conhecimento, ferramentas, veículos, aplicativos e até mesmo sua rede de contatos pessoais são outros bons exemplos. Dinheiro também é um recurso, porque, com ele, podemos *realizar* a viagem de férias, o curso de inglês, comprar a pipoca e os ingressos para o cinema. Sempre que você se desfaz do seu dinheiro está *realizando* algo com ele. Quando você entra numa livraria ou numa perfumaria e compra um livro ou um creme hidratante está transformando seu recurso dinheiro em algo novo, seja um livro ou um creme hidratante.

Por sua vez, o tempo também é um recurso, pois é através dele que podemos desfrutar das férias, frequentar um curso de inglês ou apreciar um bom filme. Acabou. Em nenhum outro aspecto tempo e dinheiro são semelhantes.

Agora, vejamos as diferenças:

1. O TEMPO É UM RECURSO DEMOCRÁTICO

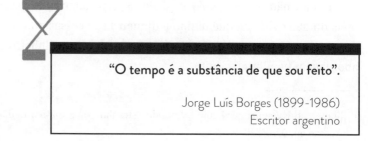

"O tempo é a substância de que sou feito".

Jorge Luís Borges (1899-1986)
Escritor argentino

Na introdução deste livro, afirmei que todo mundo nasce com tempo e que, por consequência, todos temos tempo (mesmo que seja pouco). Com o dinheiro não é bem assim. Todo mundo nasce pelado, mas não são todos que nascem com uma mão na frente e outra atrás. Enquanto alguns herdeiros afortunados nascem em berços de ouro, a grande maioria dos bebês vem ao mundo predestinados a acordar cedo e trabalhar duro para poder pagar suas contas e suprir suas necessidades básicas. O dinheiro, como todos sabemos, é um recurso muito mal distribuído. Poucos têm muito e muitos têm pouco. O tempo, por sua vez, é o mais democrático dos recursos. Todos nós dispomos da mesma quantidade de tempo, como os minutos dispõem de 60 segundos, os dias de 24 horas e as semanas de 7 dias. Você não tem mais tempo do que ninguém, e ninguém tem mais tempo do que você.

2. O TEMPO É UM RECURSO VOLÁTIL

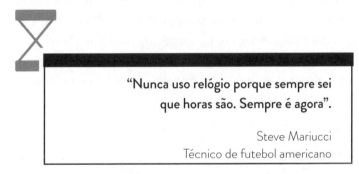

"Nunca uso relógio porque sempre sei que horas são. Sempre é agora".

Steve Mariucci
Técnico de futebol americano

Podemos decidir *quando* e *o que* fazer com o dinheiro. Um sujeito precavido e de bom senso pode, por exemplo, investir e poupar o dinheiro para bancar uma pós-graduação, um mestrado ou uma boa aposentadoria. É possível, inclusive, partir desta para a melhor e deixar uns trocos ou uma boa herança para nossos herdeiros. Por outro lado, não há como guardar, poupar ou deixar o tempo para os filhos e os netos no testamento. Temos liberdade e autonomia para escolher *o que* fazer com o tempo, mas nunca seremos capazes de decidir *quando* usar o tempo.

Dividimos e organizamos o tempo em três diferentes dimensões: passado, presente e futuro. Recordamos o passado através das imagens, representações e informações que guardamos na memória, nos livros, diários, agendas, nas nuvens, pen drives e HDs de computadores ou celulares. E, planejamos o futuro pressupondo uma realidade que ainda não existe e sobre a qual não temos controle absoluto. Entretanto, na prática, vivemos e desfrutamos apenas do tempo presente, o agora. O tempo é um recurso volátil de consumo imediato.

3. O TEMPO É UM RECURSO IRRECUPERÁVEL

Em 1922, alguns anos antes de criar o simpático camundongo Mickey Mouse e começar a construir um gigantesco império de entretenimento, Walt Disney (1901–1966) perdeu todas as suas economias com a falência de um pequeno estúdio de animação que abriu em Kansas City. Outro exemplo mais recente vem de George Foreman (1949), pugilista peso-pesado e arquirrival de Muhammad Ali. O boxeador americano perdeu quase todo o seu patrimônio, conquistado após uma medalha de ouro nas Olimpíadas de 1968, e dois títulos dos pesos-pesados em 1973 e 1994, antes de faturar mais de US$ 110 milhões com a conhecida marca de churrasqueiras elétricas que levam o seu nome. As trajetórias de Disney e Foreman comprovam que não só é possível recuperar o dinheiro perdido, como conquistar muito mais. Dinheiro vai, dinheiro vem.

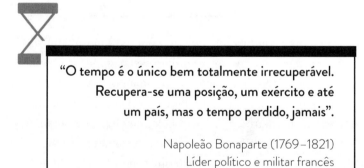

"O tempo é o único bem totalmente irrecuperável. Recupera-se uma posição, um exército e até um país, mas o tempo perdido, jamais".

Napoleão Bonaparte (1769–1821)
Líder político e militar francês

Todavia, para ambos (como para todos nós), o tempo continuou seguindo em frente. É possível recuperar o dinheiro perdido. Por outro lado, recuperar o tempo que já passou é impossível.

4. O TEMPO É UM RECURSO LIMITADO

"Pensamos que a morte é coisa do futuro, mas parte dela já é coisa do passado. Qualquer tempo que já passou pertence à morte".

Trecho da epístola *Da Economia do Tempo*
Sêneca (4 a.C.–65 d.C.) Filósofo romano

Em 1900, a expectativa de vida no Brasil era de 33,7 anos. Segundo dados do Instituto Brasileiro de Geografia e Estatística (IBGE) de 2018, graças aos diversos fatores ligados à melhoria das condições sanitárias, nutrição e saúde pública, bem como o desenvolvimento de procedimentos médicos, vacinas e antibióticos, saltamos, atualmente, para 72 anos e 5 meses para os homens, e 79 anos e 4 meses para as mulheres. Estamos vivendo cada vez mais.

De certo modo, é razoável concluir que hoje temos mais tempo do que nossos antepassados do Século XX. As semanas são curtas, os anos passam voando e os dias continuam com escassas 24 horas, mas vivemos, em média, muito mais dias e comemoramos mais aniversários que os nossos distantes *tataratataravôs*.

Por outro lado, é verdade também que, seja lá qual for sua expectativa de vida, cada segundo que passa é um segundo a menos. Por mais que os avanços da medicina nos presenteiem com mais vida, a passagem do tempo insiste em subtrair cada singelo segundo sem piedade. Vivemos em contagem regressiva. Enquanto é possível conquistar cada vez mais, e mais dinheiro, o tempo que dura uma vida é sempre limitado. Seu último fim de semana, por exemplo, não foi apenas *mais* um fim de semana. Foi também *menos* um fim de semana. O tempo é teimoso, cruel e implacável.

5. O TEMPO É UM RECURSO INDISPENSÁVEL

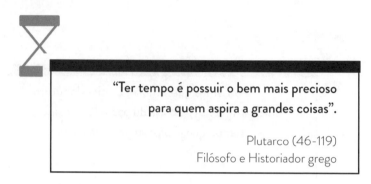

"Ter tempo é possuir o bem mais precioso para quem aspira a grandes coisas".

Plutarco (46-119)
Filósofo e Historiador grego

Precisamos de dinheiro para muita coisa, mas não precisamos dele para tudo. A vida, felizmente, é repleta de momentos e experiências gratificantes que não exibem uma etiqueta de preço ou um código de barras. O tempo, por sua vez, é um recurso absolutamente indispensável. Nem tudo exige dinheiro, mas tudo exige tempo. Tudo que você já fez na vida consumiu tempo e tudo que você ainda pretende realizar vai consumir mais tempo. Precisamos de dinheiro para bancar a viagem de férias e o curso de *ikebana*, mas precisamos também de tempo para desfrutar as férias e frequentar o curso de *ikebana*.

De que adianta, digamos, economizar para pagar as passagens e as férias adiantado, e depois não ter tempo para viajar e aproveitar? Ou ter dinheiro para viajar, mas passar o tempo todo respondendo e-mails e participando de reuniões à distância?

Certa vez, ouvi de uma divertida *personal organizer*[2] que conheci num Congresso de Secretárias Executivas, em Santos, um exótico conselho sobre organização e administração do tempo: "Não tenha em casa mais do que três boas toalhas por pessoa". Observe, porém, que a lógica por trás desta recomendação é bem razoável. Assim, vejamos: com três toalhas, uma sempre estará em uso, outra guardada no armário, enquanto a terceira

---

2   *Personal organizer* são os profissionais que, entre outras coisas, contratamos para nos ajudar a eliminar a bagunça e colocar em ordem a casa e os armários. Essa moda começou nos Estados Unidos por volta dos anos 1990 e desembarcou em nossas praias há uns dez anos.

estará em algum ponto, entre o cesto de roupa suja, a máquina de lavar e o varal. A quarta, a quinta ou sei lá quantas toalhas você tem, só servem para entulhar seu armário com peças desnecessárias, bem como para desperdiçar o seu tempo.

Toalhas não têm vida própria e não saem caminhando do cesto de roupas sujas até a máquina de lavar. É você que precisa recolher a toalha, colocar na máquina, pendurar no varal, dobrar e guardar no armário. Toalhas consomem tempo. Tudo consome tempo. De toalhas a grupos no WhatsApp.

Toalhas desnecessárias na sua vida significam menos tempo livre para fazer outras coisas mais bacanas, interessantes e importantes.

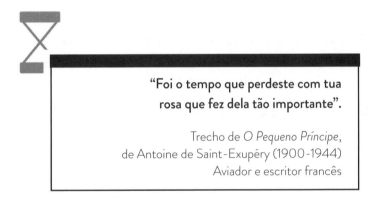

"Foi o tempo que perdeste com tua rosa que fez dela tão importante".

Trecho de O Pequeno Príncipe, de Antoine de Saint-Exupéry (1900-1944) Aviador e escritor francês

Conclusão: o tempo é o nosso ativo mais valioso. Precisamos dele para absolutamente tudo. Você já se deu conta de que até para perder tempo é preciso ter tempo? Estudar, trabalhar, educar os filhos, lavar e guardar toalhas, como também não fazer nada, sempre consome tempo! E, mais! É através do tempo que também demonstramos para as outras pessoas o quanto elas realmente significam para nós.

Pense comigo: se você é pai ou mãe, nem mesmo os seus filhos são mais valiosos que o seu tempo. De que adianta ter filhos, mas não ter tempo para eles? Talvez você ache este comentário um tanto quanto exagerado, no entanto, em quase todos os meus cursos e palestras encontro pais e mães que se lamentam pela falta de tempo com os filhos. Para muitas pessoas, este é um problema grave e a causa de muita tristeza e frustração.

Quando concluo os meus cursos, costumo passar a palavra para participantes que, espontaneamente, queiram fazer um comentário, um depoimento, uma crítica, sugestão, elogio ou mesmo dar um conselho para os outros colegas do grupo. Certa vez, no encerramento de uma turma para líderes de loja da Rede Atacadista Assaí, uma aluna pediu a palavra e disse: "Descobri como incluir o meu filho na minha agenda".

Precisa mais? Infelizmente, não é difícil encontrar pais e mães que perderam algumas fases e momentos marcantes da vida dos filhos enquanto estavam assoberbados com o trabalho, ou desperdiçando tempo com toalhas desnecessárias.

Enfim, quanto mais o tempo passa, menos tempo temos. O tempo é um recurso indispensável, precioso, escasso e não sustentável. Não é possível usar o mesmo tempo duas vezes. Portanto, é preciso usá-lo com técnica, sabedoria e bom senso. Fique comigo e veremos como!

PARA PENSAR | EU NÃO TENHO TEMPO

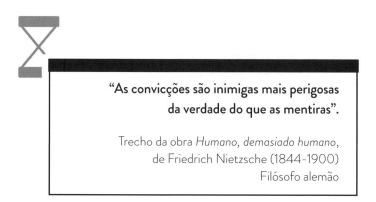

"As convicções são inimigas mais perigosas da verdade do que as mentiras".

Trecho da obra *Humano, demasiado humano*, de Friedrich Nietzsche (1844-1900)
Filósofo alemão

Você com certeza conhece algumas (ou muitas!) pessoas que vivem reclamando e afirmando que não têm tempo para nada, que são superocupadas e que não há nada que possa ser feito para modificar este cenário. É bem verdade que ninguém tem tempo suficiente para fazer tudo o que a vida oferece. Jamais seremos capazes de conhecer todos os lugares, ler todos os livros ou aprender todos os idiomas. Não há tempo para tanto. Por outro lado, todos temos tempo para viver uma vida plena, repleta de realizações, experiências enriquecedoras e momentos gratificantes. Não temos tempo para *tudo*, mas, com certeza, temos tempo para *muito*.

Por outro lado, costumamos defender e acreditar, com entusiasmo, em nossas mentiras e desculpas tolas. Sempre é mais fácil e confortável culpar os outros ou o excesso de tarefas e responsabilidades do que assumir que, na verdade, somos atrapalhados e desorganizados. Para desfrutar do seu tempo com mais qualidade e ser mais produtivo, você provavelmente vai precisar adotar algumas novas estratégias e mudar alguns hábitos. Mas, para começar, talvez seja preciso você rever suas crenças e convicções. Fica a dica: se este for o seu caso, pare de mentir para você mesmo e dizer que não tem tempo.

PARTE II

Nesta parte do livro teremos o primeiro contato com o Método Einstein de Administração do Tempo. Veremos também os conceitos de projetos, rotinas, crises e imprevistos que permeiam o Método.

TEMPO E
RESULTADOS

"Somente a você cabe decidir o que fazer com o tempo que lhe foi dado".

Mago Gandalf em *O Senhor dos Anéis*, de J.R.R. Tolkien
(1892–1973)
Escritor, professor e filósofo britânico

Imagine que você está fazendo compras no supermercado. É final do mês e sua conta já está perto de entrar no limite do cheque especial. Como costumam brincar por aí, está sobrando mês e faltando salário. O que você faria? Passearia pelas gôndolas e corredores despreocupadamente colocando dentro do carrinho qualquer bobagem que lhe desse na telha, ou iria escolher com cuidado e critério os itens que realmente não podem faltar na sua despensa até o próximo pagamento? Se você for uma pessoa prudente e gostar de manter distância dos encargos e juros no cartão de crédito ou do cheque especial, a resposta é bem previsível. O bom senso recomenda não gastar mais dinheiro do que o realmente temos disponível.

Com o tempo é mais ou menos a mesma coisa. Montar uma agenda com mais tarefas e compromissos do que podemos atender é um erro tão grande, ou até maior, do que fazer dívidas para abastecer a geladeira.

Fixar limites rigorosos e eleger prioridades com método e bom senso é uma regra de ouro nos cenários onde os recursos são limitados. Como já vimos, o tempo é e sempre será um recurso valioso e limitado. Todo mundo tem tempo, mas todos temos pouco tempo. Logo, usar o tempo com sabedoria, inevitavelmente, implica em eleger prioridades e respeitar limites. Isto é, escolher com critério e inteligência as atividades que cabem na sua agenda, e descartar com coragem e sem remorso as que vão ficar de fora. Priorizar é um dos alicerces de qualquer metodologia séria e confiável de administração do tempo.

Os métodos tradicionais de seleção de prioridades e administração do tempo baseiam-se na combinação dos conceitos de urgente e importante. Talvez você mesmo já conheça ou utilize a Matriz de Urgência e Importância, desenvolvida pelo general e 34º presidente dos Estados Unidos, Dwight Eisenhower (1890–1969), representada na ilustração a seguir.

Ilustração 1 – Matriz de Urgência e Importância

Sem perder tempo em detalhes desnecessários, podemos entender que atividades importantes são aquelas que geram resultados desejáveis e que tem tempo de sobra para serem realizadas. As atividades urgentes normalmente remetem à problemas, crises e imprevistos que precisamos resolver o mais rápido possível, e antes que se tornem problemas ainda maiores. Por sua vez, as atividades sem urgência e sem importância são aquelas que devemos delegar ou descartar sem excitação. Ainda hoje, a Matriz de Urgência e Importância é amplamente recomendada em diversos cursos e dezenas de livros de administração do tempo e produtividade, entre eles, o grande *best-seller Os Sete Hábitos das Pessoas Altamente Eficazes*, do escritor e consultor americano Stephen Covey (1932–2012).

Confesso que eu também, muito antes de criar minha empresa de consultoria e treinamento, a Academia do Tempo, e desenvolver minha própria metodologia, o Método Einstein, segui à risca a sugestão de Eisenhower e Covey e usei a Matriz de Urgência e Importância (também conhecida como Matriz do Tempo) por alguns anos. Podem conferir. O livro *Os Sete Hábitos* está relacionado na bibliografia no final deste livro.

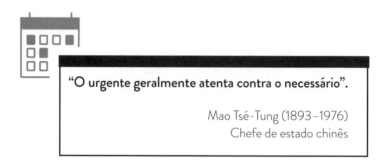

"O urgente geralmente atenta contra o necessário".

Mao Tsé-Tung (1893–1976)
Chefe de estado chinês

Atualmente, porém, apesar de reconhecer e respeitar a relevância da Matriz do Tempo, bem como as importantes contribuições de Eisenhower e Covey, já não uso e não recomendo mais esta metodologia. Vou explicar.

Hoje, como já comentei, e você há de concordar, vivemos no alucinante e desgovernado mundo das urgências. Tudo é urgente. Tudo é para ontem. O que não for urgente é pior que urgente, é urgentíssimo. Na vida profissional, como também na vida pessoal, o sentimento predominante é de estarmos sempre correndo atrás da solução de urgências, crises e imprevistos. Esse é o problema. Quando tudo é urgente, fica cada vez mais difícil distinguir o que é urgente do que é importante, e o risco de cairmos numa improdutiva e desgastante espiral de urgências sem fim é cada vez maior.

Neste cenário extremamente preenchido, acelerado e caótico em que vivemos, a Matriz do Tempo mais atrapalha do que ajuda. Sua aplicação é ligeiramente confusa e distante da realidade. Uma matriz de quatro campos, onde quase todas as demandas ocupam um único campo, ou seja, o quadrante da urgência é inútil. É como uma curva ABC sem o B e sem o C. Já não é uma curva. Virou uma reta.

Para complicar, Covey ainda recomenda enfaticamente atender primeiro às demandas mais importantes. Primeiro o mais importante é o terceiro hábito do livro os *Sete Hábitos das Pessoas Altamente Eficazes*, bem como o tema principal do livro *Primeiro o Mais Importante: Como Ter Foco em Suas Prioridades para Obter Resultados Altamente Eficazes*, também de Covey. De certo modo, concordo com ele. Seus argumentos são muito bons e convincentes.

Se você preencher sua agenda apenas com urgências e deixar para depois as importâncias, o que for importante hoje, provavelmente, será uma urgência amanhã, até chegar num ponto em que tudo na sua vida será urgente. Quem quer viver uma vida assim? Mas, na prática, quem tem sangue frio e nervos de aço para atender despreocupadamente uma demanda importante antes da urgência tola de um chefe ou cliente ensandecido? Quantas vezes você mesmo não protelou ou deixou de atender algo importante, como estudar para uma prova, fazer um *check-up* ou concluir um relatório, apenas para dar cabo de uma bobagem qualquer, mas supostamente urgente, a pedido do seu chefe, de um cliente ou um colega? Muito bacana na teoria. Bem complicado na prática. Pessoalmente, defendo uma outra abordagem um pouco mais flexível e realista. Ao contrário de *primeiro o mais importante*, sou defensor da política do *sempre o mais importante*.

SEMPRE O MAIS IMPORTANTE

O termo prioridade vem do latim *prior* ou *priore*, e significa "o primeiro entre dois". Daí vem também primogênito, que é a expressão utilizada para designar o primeiro filho de um casal. Por outro lado, de acordo com o Dicionário Michaelis, priorizar significa também dar atenção especial e preferencial, ou seja, priorizar significa fazer primeiro, mas não necessariamente. Um pai ou uma mãe, que todos os dias reserva um momento para brincar ou estudar com os filhos, está priorizando os filhos.

Muitos pais, entretanto, só conseguem reservar as últimas horas do dia para os filhos, uma vez que durante o dia eles estão no trabalho e os filhos na escola. O mesmo acontece com quem está cursando a faculdade. Muitos universitários estudam somente à noite, ou quando o dia já está quase acabando. Seria correto, então, afirmar que quem deixa ou filhos ou o estudo para mais tarde não prioriza a família, os filhos, a carreira ou o desenvolvimento pessoal? É claro que não, pois, priorizar, como vimos, não significa apenas fazer primeiro.

Quem todos os dias dá atenção para os filhos e ao estudo, seja pela manhã ou no final do dia, está priorizando. Até mesmo porque, para muitas pessoas, a jornada de trabalho tradicional — entre às 8h e 18h — impõe alguns limites. Na prática, muitos priorizam (no sentido de fazer primeiro) o trabalho (e as demandas mais importantes do trabalho), e priorizam depois do expediente (no sentido de dar atenção especial e preferencial) a família e o estudo. Portanto, priorizar é fazer primeiro, mas não é só isso.

Priorizar também é dar atenção especial. Priorizar é assumir e atender a um compromisso, seja com um filho ou com o estudo, seja logo pela manhã ou no final do dia.

Outro exemplo: durante os meses que trabalhei na autoria deste livro, escrever um pouco por dia foi uma das minhas prioridades. Sendo assim, sempre que possível, dediquei de duas a três horas das minhas manhãs de trabalho para escrever. Nem sempre deu certo. Quando não consegui escrever pela manhã, por conta de alguma crise, imprevisto ou qualquer outro compromisso, deixei para escrever no final da tarde ou mesmo à noite. Assumi um projeto e cumpri o prazo que estimei para concluí-lo. Não permiti que meu livro virasse lenda. Muitas vezes, escrevi à noite, em quartos de hotel ou salas de embarque de aeroportos. Não tenho exemplo melhor e mais verdadeiro. Estou escrevendo este parágrafo às 20h30 de uma segunda-feira, na sala de embarque do aeroporto Santos Dumont, no Rio de Janeiro. Isso é priorizar.

Não pense, entretanto, que escrevi todos os dias. Vez ou outra um compromisso, um imprevisto, o cansaço, um problema de saúde ou mesmo o "hoje não estou a fim, vou pegar a bike e pedalar", ocuparam o meu tempo de autoria. Sem estresse e sem remorso. O que importa neste exemplo é a frequência e o cuidado para não ficar protelando indefinidamente e cair na ilusão de que amanhã você terá tempo para fazer o que não fez hoje.

Mas não é só. Além dessa questão controversa sobre o *fazer primeiro*, o uso da Matriz de Urgência e Importância ainda pode causar outra grave consequência, que eu chamo de Miopia do Tempo.

MIOPIA DO TEMPO

Segundo o Hospital Albert Einstein, anualmente, mais de dois milhões de novos casos de miopia ótica são identificados somente no Brasil. A miopia, como você deve saber, é uma condição que afeta o desempenho da visão de longa distância. Os objetos próximos são vistos claramente, mas os objetos distantes, não. Com a miopia do tempo acontece quase a mesma coisa. Quem sofre de miopia do tempo costuma dar muita atenção a agenda do dia corrente, das próximas 24 horas, mas não é capaz de distinguir com clareza sua agenda dos próximos dias, muito menos das próximas semanas, meses e anos.

É fácil identificar quem sofre de miopia do tempo. O diagnóstico é bem simples e rápido. Estar sempre ocupado e sempre correndo atrás da solução de crises e encrencas é o principal sintoma, na grande maioria dos casos. Estresse, desequilíbrio entre a vida pessoal e profissional, baixa produtividade, protelação crônica e uma lista imensa de pendências acumuladas são outros sintomas clássicos.

A Matriz de Urgência e Importância contempla com alguma eficiência as demandas de curto prazo, mas fica devendo na projeção e organização das atividades relacionadas com projetos, sonhos e desafios de médio e de longo prazo. Como veremos um pouco mais à frente, projetar seu olhar para a futuro e investir, mesmo que uma pequena parcela do tempo, em projetos e resultados para o amanhã é, no mínimo, tão importante quanto cuidar das demandas de curto prazo do dia a dia.

Neste livro, portanto, apresento um novo caminho que, objetivamente, relaciona o uso inteligente do tempo com a conquista de resultados e a geração de valor. A questão não é se isto ou aquilo é urgente, urgentíssimo ou importante, o que você deve fazer antes ou fazer depois, ou ainda se está faltando ou sobrando tempo. No meu método, o que realmente importa são os resultados que esta ou aquela atividade pode gerar. No meu entender, tempo bem empregado é o tempo que rende resultados bons e desejáveis.

Algumas páginas atrás, afirmei que o tempo é um recurso, e que recursos são os meios que dispomos para realizar algo. Você lembra? Pois bem. Em que circunstâncias usamos bem um recurso, seja ele qual for, dinheiro, energia, água, conhecimento ou tempo? Usamos bem um recurso quando, através dele, alcançamos grandes resultados. De outro modo, estamos desperdiçando esses recursos.

E, quais resultados você pode conquistar através do seu recurso tempo? Seu tempo bem empregado pode se transformar em mais dinheiro no seu bolso, uma casa nova, uma bela viagem, um curso de especialização, uma vida mais saudável e equilibrada, ou mais tempo de qualidade para conviver com a família e os amigos.

Enfim, a lista é grande e do tamanho dos seus sonhos. Resultado é tudo aquilo que você quer e pode conquistar através do seu tempo bem empregado.

O MÉTODO
EINSTEIN

"Eis que, de novo, ele me precede de pouco, deixando este estranho mundo, um pouco antes de mim. Isto nada significa. Para nós, físicos presunçosos, a distinção entre passado, presente e futuro é apenas uma ilusão persistentemente teimosa".

Trecho da carta de condolências que Albert Einstein (1879–1955) escreveu em 21 de março de 1955 para a família do seu grande amigo, Michele Besso (1873–1955), engenheiro do Instituto Federal de Tecnologia. Ironicamente, Einstein faleceu alguns dias depois dele, em 18 de abril de 1955.

Chamo meu método de administração e priorização do tempo de Método Einstein, em homenagem ao brilhante físico alemão que, certa vez, afirmou que passado, presente e futuro são apenas ilusões. Para o pai da teoria da relatividade, as três dimensões do tempo podem coexistir no mesmo instante, ou como prefiro dizer, no mesmo agora. Como já comentei no capítulo anterior, *o que é o tempo?* Einstein provou que eventos muitos distantes entre si podem estar no futuro para uma pessoa e no passado para outra. Daí a origem da expressão *o tempo é relativo.*

Enquanto a tradicional Matriz do Tempo de Eisenhower e Covey mescla os conceitos de urgência e importância, dando origem às quatro diferentes possibilidades no Método Einstein, utilizamos as três dimensões do tempo, isto é, Passado, Presente e Futuro em, portanto, três campos distintos, que por sua vez são identificados com as perguntas *o que temos para ontem? o que temos para hoje?* e, *o que temos para amanhã?* Respectivamente[1].

---

1 A regra é clara. Na língua portuguesa, todas as frases deverão começar com letra maiúscula sempre que a frase a anterior terminar com um ponto final, ponto de exclamação ou ponto de interrogação. Entretanto, a partir deste ponto do livro, inseri várias vezes as expressões em itálico *o que temos para ontem? o que temos para hoje?* e, *o que temos para amanhã?* no meio de algumas frases (como na frase anterior, por exemplo). No contexto do livro, *o que temos para hoje?* não representa uma frase, mas uma expressão, o título de um campo da lista de tarefas do Método Einstein. Nesses casos e somente nesses casos optei, portanto, em seguir as frases com letra minúscula depois do ponto de interrogação. Tudo bem assim? Espero que sim!

Observe ainda que a proposta desde método não é viver ou ocupar-se apenas do presente e deixar o amanhã para depois, tampouco o passado para trás. Muita gente já comete este grave deslize sem usar método nenhum. No Método Einstein, as demandas do Futuro, do Presente e do Passado coexistem no mesmo dia, no mesmo agora. Sendo assim, o campo *o que temos para amanhã?* abrange principalmente projetos, escolhas e providências que podemos, e devemos, atender HOJE, com o propósito de gerar resultados para o FUTURO.

Por sua vez, o campo *o que temos para hoje?* compreende as rotinas e pequenas demandas do dia a dia, isto é, do PRESENTE, e, finalmente, o campo *o que temos para ontem?* representa a parcela de tempo diariamente consumida com crises que, muitas vezes, são consequências de projetos protelados, rotinas negligenciadas ou escolhas equivocadas que fizemos no PASSADO, bem como por encrencas, imprevistos e interrupções não programadas que precisamos resolver o quanto antes ou, como ironicamente costumamos dizer, *para ontem.*

Logo, a pergunta *o que temos para ontem?* tem dois sentidos. Quando se trata de encontrar a solução de crises geradas por projetos protelados ou rotinas negligenciadas, ela é provocativa, um alerta sobre a importância de cuidar de projetos e rotinas com atenção antes que o tempo passe e eles se transformem em crises e encrencas indesejáveis. Quando se remete a interrupções e imprevistos que precisamos resolver *para ontem,* ela é levemente irônica[2].

Para entender um pouco melhor como os conceitos de Passado, Presente e Futuro se relacionam, e qual o papel de cada um deles na administração e priorização do tempo, bem como na conquista de resultados, vamos traçar um paralelo entre o Método Einstein e o modo como fazemos a gestão de outro importante recurso, que há pouco deu as caras por aqui, o dinheiro. O senso comum recomenda dividir nossa renda em três frações.

---

2 O Método Einstein recomenta que as três perguntas sejam respondidas hoje, isto é, no presente. Por esse motivo que, mesmo parecendo estranho e gramaticalmente incorreto, em todas as três, o verbo *ter* está conjugado no presente, *o que temos*. Uma licença poética para reforçar o propósito de cada pergunta.

O QUE TEMOS PARA AMANHÃ?	O QUE TEMOS PARA HOJE?	O QUE TEMOS PARA ONTEM?
Representa a parcela de tempo dedicada HOJE, para a construção de resultados e conquistas para o FUTURO.	Representa a parcela de tempo necessária HOJE, para atender nossas rotinas e necessidades do dia a dia, isto é, do PRESENTE.	Representa a parcela de tempo necessária HOJE, para encontrar a solução de crises e imprevistos que muitas vezes vieram do PASSADO.

Quadro 1 – Método Einstein - Resumo

A primeira fração é destinada para investimentos com vistas para o futuro, como uma aplicação de longo prazo, um CDB, títulos do tesouro direto ou um plano de previdência privada.

Outra parcela serve para cobrir as despesas do dia a dia, como alimentação, vestuário, impostos, a ração para os gatos, a pizza com os colegas na sexta-feira à noite e as faturas de água e energia. Finalmente, convém reservar mais um bocado para crises, imprevistos e despesas não programadas, como um reparo na casa ou uma viagem inesperada para visitar um parente enfermo.

Você provavelmente já cuida do seu dinheiro desta maneira ou, pelo menos, já leu a respeito em algum artigo ou livro de finanças pessoais. Nada mais sensato. A lógica por trás do Método Einstein é exatamente a mesma. Muda apenas o recurso. Sai o dinheiro. Entra o tempo.

Ao contrário de outras metodologias que destacam alguns conjuntos de atividades em detrimento de outros, todos os campos do Método Einstein são, cada um a seu tempo, significativos e relevantes.

Construir resultados para o futuro (*o que temos para amanhã?*) é tão importante e necessário quanto atender às demandas do dia a dia (*o que temos para hoje?*) e resolver encrencas e imprevistos (*o que temos para ontem?*). O desafio está em organizar a sua agenda com bom senso e parcimônia, bem como encontrar o ponto de equilíbrio ideal entre estes três cenários que melhor atenda ao seu perfil, momento e propósitos de vida.

Do mesmo modo que não existem duas pessoas ou duas vidas iguais, não existe uma metodologia de administração do tempo que traga um gabarito ou resposta pronta. Pense neste método como uma lanterna capaz de iluminar sua jornada de vida. A lanterna é muito útil, mas cabe a você escolher seu caminho e seu destino.

Resumindo, podemos dizer que a proposta deste método é usar o tempo disponível, isto é, o AGORA, para semear resultados para o FUTURO, cuidar das demandas do PRESENTE, bem como, quando necessário, resolver os problemas e imprevistos que, muitas vezes, são reflexos de erros e escolhas equivocadas feitas no PASSADO.

Curiosamente, este paralelo entre tempo e dinheiro já faz parte do nosso cotidiano. Estamos habituados a usar verbos como *desperdiçar, render* e *investir* tanto para ilustrar nossa relação com o dinheiro como também com o tempo. Para nós, expressões como *"desperdicei o meu salário"*, *"minhas ações renderam"* ou *"investi o meu décimo terceiro"* são tão naturais e corriqueiras *como "desperdicei o meu tempo"*, *"o meu dia rendeu"* ou *"investi o meu tempo"*.

Mas não é só isso. Encontramos abordagens criativas e divertidas deste confronto entre os recursos tempo e dinheiro na literatura e no cinema. Na fábula *O vendedor de tempo: uma sátira sobre o sistema econômico*, Fernando Trías de Bes, autor de *Marketing Lateral*, com Philip Kotler, apresenta ao leitor um olhar crítico sobre o capitalismo e o tempo. O livro do economista espanhol especializado em criatividade, inovação e marketing narra a inusitada trajetória de TC, isto é, um tipo comum, que faz fortuna comercializando frascos de tempo.

Seguindo mais ou menos a mesma linha, temos o filme de ficção científica *In Time* (*O preço do Amanhã*), com Justin Timberlake e Amanda Seyfried, e dirigido por Andrew Niccol. O longa, de 2001, apresenta um futuro distópico, onde o tempo é a moeda vigente e as pessoas param de envelhecer aos 25 anos de idade. Os ricos possuem tanto tempo que podem até se tornar imortais, enquanto os menos afortunados precisam mendigar, pegar emprestado ou até mesmo roubar algumas horas para viver até o final do dia.

Vejamos agora alguns exemplos práticos: cursar uma pós-graduação, fazer uma viagem ao exterior, aprender um novo idioma, construir uma casa no campo ou fazer uma pequena reforma na sua cozinha são projetos. São concluídos passo a passo, gradativamente e, em geral, consomem um bom tempo para serem concluídos. Os projetos são transformadores, geram resultados duradouros, desejáveis e de qualidade. Projetos remetem ao tempo muito bem empregado. O tempo que conduz a bons resultados no futuro.

Por sua vez, pagar a mensalidade da pós-graduação, tirar o passaporte, manter os livros e apostilas da faculdade organizados, fazer uma caminhada, escovar os dentes, lavar a louça, arrumar a cama, cortar o cabelo, trocar o óleo do carro, passear com o cachorro e guardar as compras do supermercado são rotinas. Observe que as rotinas são pontuais, previsíveis e repetitivas. Não geram resultados transformadores, mas contribuem para a manutenção de uma vida organizada, confortável e saudável. Algumas podem ser sem graça ou até mesmo desagradáveis, mas não há como viver bem sem a nossa cota de diária de rotinas.

Note também que todo projeto, durante ou depois de concluído, gera algumas rotinas. Comprar um carro novo é um projeto. Fazer depósitos mensais numa aplicação para bancar a entrada no carro é uma rotina. Contratar o seguro, pagar o IPVA, trocar o óleo e calibrar os pneus depois do projeto realizado, isto é, depois que você comprou o carro, também são rotinas.

Outro exemplo: investir na educação de um filho é um projeto que, naturalmente, gera algumas rotinas como comprar livros, participar de reuniões com professores, ajudar com as lições e pagar as mensalidades da escola e do transporte escolar. As rotinas são quase tão importantes quanto os projetos. Projetos e rotinas formam uma boa dupla.

Por seu turno, um pneu furado, um voo cancelado, uma nota vermelha em estatística ou o filho que levou um tombo no recreio e ralou o joelho são alguns exemplos de crises e imprevistos. O tempo consumido pelas crises não costuma gerar bons resultados, tampouco boas lembranças. Pelo contrário, normalmente as crises remetem a um cenário de estresse, de afobação e de resultados de qualidade duvidosa. Muitas vezes, as crises são apenas encrencas que queremos excluir o quanto antes da agenda.

Os conceitos de projetos, rotinas e crises, como você já deve ter concluído, relacionam-se respectivamente com os campos *o que temos para amanhã? o que temos para hoje?* e, *o que temos para ontem?* do Método Einstein.

Note ainda que a expressão crise pode representar momentos difíceis, indesejáveis ou conturbados, como também a falta de algum recurso importante. Vejamos alguns exemplos: crise humanitária, crise política e crise de mercado remetem a momentos difíceis e indesejáveis. Por sua vez, crise de abastecimento, crise de mão de obra qualificada e crise de energia representam a falta de algum recurso importante. No método Einstein, o tempo consumido pelas crises pode tanto representar momentos difíceis e indesejáveis como também a falta de um recurso importante. No último caso, o recurso em falta é o próprio tempo.

Crises indesejáveis muitas vezes surgem por conta de imprevistos e acasos, como o pneu furado ou o joelho ralado. A vida é assim. Não é possível ter controle sobre tudo o tempo todo. Nestas situações só nos resta aceitar os caprichos do destino e buscar a melhor solução, seja um borracheiro ou um curativo, o quanto antes. Por outro lado, é verdade também que boa parte das crises podem e devem ser evitadas.

Conheço muita gente que prefere responsabilizar o destino, o chefe, os clientes, os colegas de trabalho, a família, o professor de estatística, o olho gordo da vizinha invejosa e até mesmo o movimento retrógrado do planeta Mercúrio pelo excesso de crises e problemas em sua vida. Porém, sempre insisto que as crises acontecem, principalmente, por má gestão de projetos e rotinas. Consequência de maus hábitos e comportamentos equivocados, como protelação, falta de planejamento e desorganização. Imprevistos acontecem, e todo mundo tem azar de vez em quando.

Mas, convenhamos, ninguém tem tanto azar assim. Vejamos mais dois exemplos: a monografia da pós-graduação e a entrega do imposto de renda. A monografia, bem como a pós-graduação em si, são dois exemplos de projetos. Por sua vez, a entrega do imposto de renda é um exemplo de rotina. Todo pós-graduando tem mais de um ano para elaborar sua monografia com tranquilidade e qualidade. Sem crise e sem estresse. Na prática, porém, muitos alunos protelam a autoria da monografia para os últimos meses do curso.

O projeto vira crise. A monografia consistente e de qualidade é substituída por um texto superficial e improvisado feito às pressas e repleto de parágrafos mal escritos ou copiados da internet.

Fui professor da Pós-graduação da Unicamp e da Universidade São Judas, em São Paulo, e sei muito bem o que é isso. Outro exemplo recorrente é a entrega da declaração do imposto de renda. Segundo dados da Receita Federal, todos os anos, aproximadamente 10% dos contribuintes protelaram o envio da sua declaração até o último minuto. Muitos não conseguem. A rotina vira crise com direito a multa por atraso e uma boa dor de cabeça. A escassez de tempo é implacável. Sem o tempo necessário para serem concluídos, projetos e rotinas fatalmente se transformam em crise. Saem os bons resultados e em seu lugar entram o estresse, a correria e, muitas vezes, o retrabalho.

Outro aspecto importante que merece atenção sobre as crises diz respeito a sua duração. Algumas crises são pontuais e duram muito pouco, duas ou três horas de uma tarde de quarta-feira, por exemplo. Outras podem se arrastar durante alguns meses ou anos. Infelizmente, não faltam bons (ou péssimos) exemplos no Brasil. Construir uma nova estação de metrô, teoricamente, é um grande projeto. Mas vamos imaginar que a construção dessa estação esteja atrasada por conta de uma suspeita na licitação, um impasse com as desapropriações ou qualquer outro motivo. A obra seria concluída em cinco anos. Ela nem começou e já está atrasada um ano. Outro projeto que virou crise. Cinco anos viraram quatro. Quatro anos de crise.

Imagine agora o dia a dia do engenheiro responsável por essa obra. Quatro anos de trabalho dobrado, poucas horas de sono, finais de semana trabalhando e muito estresse. Basta consultar o jornal ou assistir meia hora de um noticiário na televisão para encontrar dezenas de outros exemplos semelhantes em obras de unidades básicas de saúde, hospitais, estradas, creches e escolas, entre outros. Nas empresas privadas, o cenário não costuma ser muito diferente. As empresas costumam contratar pessoas para que elas contribuam na construção de resultados. Na prática, muitos colaboradores passam a maior parte da jornada de trabalho correndo atrás da resolução de encrencas. Pequenas crises numa tarde de quarta-feira, como também crises imensas de alguns meses ou anos.

Observe ainda que no Método Einstein não há cartas marcadas. É um sistema dinâmico, que pende tanto para o bem como para o mal. Pode apostar. Não foi o movimento de Mercúrio, o mal humor do destino ou o olho gordo da vizinha invejosa que transformou o projeto, monografia e a rotina imposto de renda em crises desastrosas e muita chateação. Na maioria esmagadora das vezes, os resultados (bons ou maus) são uma consequência natural das nossas escolhas e do modo como organizamos o tempo.

Este mosaico de possibilidades que vão desde mais tempo para as demandas do FUTURO (projetos) ou mais tempo para as demandas do PASSADO (crises e imprevistos) dá origem a três perfis de utilizadores do tempo.

Vamos conhecer os Realizadores, os Controladores e os Salvadores da Pátria.

Ilustração 2 – Perfis de Utilizadores do Tempo

1. REALIZADORES

Os realizadores são aqueles que distribuem o seu tempo com mais sabedoria e equilíbrio. Quem tem perfil de realizador cuida das demandas e exigências do PRESENTE (rotinas) com o mesmo cuidado e atenção que dedica na execução de projetos e conquista de resultados para o FUTURO (projetos). Observe, no entanto, que, como todo mundo, os realizadores são vulneráveis a crises ou imprevistos.

Não é possível eliminar todas as crises ou escapar de 100% dos imprevistos. Mesmo que não seja desejável, até a agenda dos realizadores sempre terá uma pequena parcela de tempo comprometida com crises e imprevistos. Não encare isso como um problema sem solução. É apenas um fato. Crises e imprevistos acontecem. O que conta é o cenário geral, que, neste caso, é muito bom.

Mais um detalhe: na prática, a distribuição de tempo entre projetos e rotinas não costuma ser tão simétrica e equilibrada como a representação anterior. Algumas atividades profissionais demandam mais tempo para projetos e menos tempo para rotinas. Para outras é justamente o contrário. Profissionais de marketing e desenvolvimento de produto, geralmente, destinam mais tempo para execução de projetos, enquanto contadores e auditores são mais comprometidos com rotinas. O nível hierárquico também interfere neste balanço. Líderes das áreas estratégicas e táticas são mais comprometidos com projetos, enquanto os colaboradores das áreas operacionais atendem mais rotinas.

Finalmente, o tempo demandado para atender projetos ou rotinas pode oscilar de acordo com a sazonalidade. Algumas atividades geram um maior volume de rotinas na última semana do mês, e outras concentram seus projetos no fim do ano. É natural. Nem mesmo na vida privada existe simetria entre o tempo dedicado a projetos e rotinas.

2. CONTROLADORES

Os controladores sofrem de miopia do tempo. Costumam dar uma atenção exagerada e desproporcional às atividades do dia a dia e de curto prazo (PRESENTE), enquanto deixam de lado o tempo para projetos (FUTURO). Como já comentei, as rotinas são boas e necessárias. Porém, uma vida dominada pelas rotinas, apesar de confortável, é também uma vida estagnada e carente de realizações. Controladores acertam ao valorizar e atender às rotinas, mas erram feio ao desprezar a importância dos projetos e os resultados para o futuro. É um perfil perigoso. Muitas vezes, os controladores só percebem que descuidaram no balanceamento entre seu tempo, entre rotinas e projetos, quando já é tarde demais.

3. SALVADORES DA PÁTRIA

Os Salvadores da Pátria são movidos pelas emergências, adrenalina e os aplausos da plateia. Passam a maior parte do tempo correndo desvairadamente para cima e para baixo atrás da solução de crises e imprevistos, enquanto protelam para o dia de São Nunca a execução de projetos e o cumprimento de rotinas.

Mesmo que você não seja um Salvador da Pátria de carteirinha, é bem provável que, ao menos uma vez na vida, você tenha vivido esse papel. O sentimento é inconfundível. Durante o dia, adrenalina pura e a sensação embriagante de estar fazendo um excelente trabalho. Nas empresas são admirados pelos colegas, em casa, por toda a família. O bicho pega no final da tarde ou início da noite, quando o Salvador da Pátria olha para trás, faz um balanço do dia e se dá conta de que trabalhou demais, correu muito, mas, na prática, não fez nada realmente importante ou de valor. Salvadores da Pátria são grandes farsantes.

Salvadores da Pátria são também candidatos ideais para distúrbios como estresse, ansiedade e depressão. Não surpreende que muitos sejam sedentários, alimentem-se mal e não consigam equilibrar as demandas da vida privada e da vida profissional. Salvadores da Pátria sempre encontram tempo para o trabalho e para os outros. Raramente tem tempo para si mesmos, para cuidar da saúde, descansar ou estudar.

Agora, responda com sinceridade. Com qual dos perfis você mais se identifica? Você é um Salvador da Pátria, um Controlador ou um Realizador? As técnicas e ferramentas que veremos a seguir, aliadas ao Método Einstein, podem ajudá-lo a migrar do perfil de Controlador ou Salvador da Pátria para Realizador, como também de um bom Realizador, se esse for o seu caso, para um Realizador ainda melhor.

Não espere, contudo, resultados mágicos e imediatos. Tampouco não seja ingênuo a ponto de imaginar que é possível alcançar grandes resultados com pouco esforço. Se você tem pressa e procura por soluções fáceis, lamento informar que não posso ajudá-lo. Por outro lado, se você estiver disposto a investir numa mudança de comportamento gradual e consistente, podemos seguir em frente. Acredite. Vai valer a pena!

PARA PENSAR | TEMPO SEM IMPORTÂNCIA

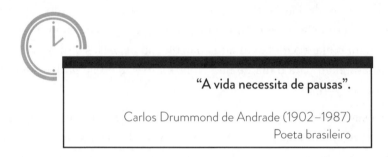

"A vida necessita de pausas".

Carlos Drummond de Andrade (1902–1987)
Poeta brasileiro

Tomar um sorvete, conversar com um desconhecido no ônibus ou jogar truco com os amigos são exemplos de projetos, rotinas ou crises? O Método Einstein, ou até mesmo a Matriz de Eisenhower, permitem que você seja capaz de organizar e priorizar seu tempo e suas atividades. Isto não significa, porém, que todas atividades, lembrando, mais uma vez, que tudo sempre consome tempo, se encaixem em um dos campos do Método Einstein ou da Matriz de Urgência e Importância.

A vida é assim. Organizar, priorizar e planejar é muito bom e necessário. Por outro lado, é reconfortante saber que a vida nos permite desfrutar de pequenos momentos e de tempos não classificáveis, que não estão previstos em um método ou matriz qualquer. Ter tempo para atividades sem nenhuma importância é quase tão importante quanto ter tempo para atividades realmente importantes. Alcançar resultados através do tempo bem utilizado é um objetivo nobre, mas não deve se tornar uma obsessão doentia.

Nem todo tempo deve, necessariamente, ser produtivo. Perder tempo comendo um pastel na feira, colecionando figurinhas, brincando com seu cachorro ou não fazendo absolutamente nada é muito bom e necessário também!

Antes de avançar para a próxima parte deste livro, que integra o Método Einstein com a agenda e a lista de tarefas, vamos explorar mais alguns detalhes importantes dos conceitos de Passado, Presente e Futuro. Seguem alguns exemplos e um resumo do que já vimos, por enquanto.

O QUE TEMOS PARA AMANHÃ?	O QUE TEMOS PARA HOJE?	O QUE TEMOS PARA ONTEM?
Projetos	Rotinas	Crises
FUTURO	PRESENTE	PASSADO
Tem tempo de sobra para serem concluídos.	Tem tempo certo para serem atendidas.	Tem menos tempo que o necessário ou desejável.
Concluir projetos gera resultados desejáveis e duradouros.	Atender às rotinas contribui para a manutenção da ordem e da segurança.	Solucionar crises elimina problemas, mas pode gerar resultados de qualidade duvidosa.

Quadro 2 – Método Einstein e conceitos
de Passado, Presente e Futuro

EXEMPLOS DE PROJETOS	EXEMPLOS DE ROTINAS	EXEMPLOS DE CRISES
• Concluir uma graduação, pós-graduação, MBA ou qualquer outro curso de especialização. • Aprender um novo idioma. • Comprar, construir ou reformar uma casa. • Casar e ter filhos. • Fazer uma viagem. • Abrir uma empresa. • Escrever um livro. • Organizar um evento. • Construir um site.	• Pagar as contas e impostos. • Renovar os seguros. • Fazer um *check-up*. • Manter a casa arrumada. • Dormir. • Escovar os dentes. • Fazer uma caminhada. • Fazer a manutenção preventiva do carro. • Atualizar relatórios. • Repor e verificar estoque. • Fazer cópias de segurança de arquivos. • Atualizar o antivírus. • Declarar o imposto de renda.	• Estudar para uma prova ou concluir um trabalho em menos tempo do que o adequado. • Pagar contas atrasadas. • Entregar o imposto de renda no último dia. • Protelar exames de rotinas e *check-ups*. • Protelar ou atrasar a execução de projetos importantes, como um curso de especialização. • Fazer reparos de emergência em casa.

Quadro 3 – Exemplos de
Projetos, Rotinas e Crises

PROJETOS

"Transportai um punhado de terra todos os dias e fareis uma montanha".

Confúcio (551 a.C.–479 a.C.)
Filósofo chinês

De um extremo a outro. Montar um quebra-cabeça é um projeto, construir uma casa, também. O que esses dois exemplos tão distintos têm em comum? Ambos são concluídos passo a passo, peça por peça, tijolo por tijolo. Essa, talvez, seja a característica mais determinante dos projetos. Qualquer que seja a sua duração, dificuldade ou resultado desejado, nenhum projeto é concluído num único movimento, numa única tacada. Sendo assim, podemos entender que ninguém realiza um projeto. Na prática, o que de fato realizamos são as frações dos projetos, nos exemplos, encaixar pecinhas e empilhar os tijolos. É a soma das peças encaixadas e dos tijolos empilhados que leva à conclusão de um projeto.

E, é justamente por esse mesmo motivo que os quebra-cabeças de 5.000 mil peças, apesar de bem bacanas, não são assim tão populares, e tão poucas pessoas enfrentem com sucesso o desafio de construir uma casa. Dá trabalho e exige tempo. Muito trabalho e muito tempo. Grandes projetos e, portanto, grandes resultados, não cabem e não são alcançados em um único dia.

É bem verdade que é possível organizar um mutirão, tanto para montar um quebra-cabeça como para construir uma casa em tempo recorde. Mas, e se esse não for o seu caso? Como encontrar tempo para concluir com sucesso projetos estritamente pessoais, como aprender um novo idioma, concluir um MBA, estudar para um concurso, abrir uma pequena empresa ou fazer um intercâmbio?

A resposta é simples. Basta dividir um grande projeto, que não pode ser concluído em um único dia, em pequenas frações sequenciais e executáveis. Mas se a solução é assim tão simples e evidente, por que tantas pessoas não realizam seus projetos com sucesso?

A TÉCNICA DO ELEFANTE

> "Deus prometeu perdão pelo seu arrependimento, mas Ele não prometeu o amanhã pela sua protelação".
>
> Santo Agostinho (354–430)
> Bispo, escritor, teólogo e filósofo argelino

Para combater a protelação, simplificar a execução de projetos e alavancar os resultados para o futuro, a empresa de consultoria americana, TMI *(Time Manager International)*, desenvolveu uma metodologia muito prática e bem-humorada, que transforma grandes projetos em elefantes imaginários. Utilizando a terminologia da Técnica do Elefante, dizemos, então, que aprender um novo idioma ou concluir um MBA são projetos-elefantes. Olhando de perto, os projetos-elefantes, bem como os elefantes de verdade, são realmente grandes e assustadores. É preciso ser muito destemido (ou muito tolo!) para encarar de perto um projeto-elefante, ou um elefante de verdade, sem a técnica correta[1].

Por esse mesmo motivo, é que a maioria das pessoas costuma afastar seus projetos para longe, para o futuro. Olhando de longe, tanto os projetos como os elefantes, parecem bem menores e menos intimidadores. Não faltam bons exemplos. O melhor de todos são as resoluções de ano novo. *"Ano*

---

1 Elefantes são realmente perigosos. Entre 1998 e 2003, ataques de elefantes mataram 166 pessoas e feriram outras 101, ou seja, uma média de 27 mortes por ano.

quem vem vou aprender um novo idioma, vou fazer uma grande viagem e um MBA". Na perspectiva de quem olha de longe, de setembro ou outubro, os projetos novos, como idioma, viagem e MBA no ano que vem, parecem bem pequenos e fáceis de realizar. Bem menos assustadores ou complicados.

Entretanto, o tempo passa, o ano começa, os elefantes se aproximam novamente e as desculpas se repetem. *"Depois do carnaval vou aprender um novo idioma, vou fazer uma grande viagem e um MBA"*, que, por sua vez, é logo seguido pelo *"Depois da páscoa vou aprender um novo idioma, vou fazer uma grande viagem e um MBA"*. E, assim, vamos seguindo e protelando até que finalmente chegamos outra vez em: *"Ano que vem vou aprender um novo idioma, vou fazer uma grande viagem e um MBA"*, numa ciranda de adiamentos que parece não ter fim. Não é à toa que, segundo algumas pesquisas, 25% das pessoas abandonam as resoluções de ano novo em apenas uma semana.

Em geral, uma pessoa toma as mesmas resoluções de ano novo até dez vezes, sem êxito. São poucos aqueles que enfrentam seus elefantes com sucesso.

Enfim, ficar olhando de longe e afastando os projetos para um futuro que nunca chega com certeza não é a uma boa estratégia. Mesmo à distância, os elefantes continuam com o mesmo tamanho. É apenas uma ilusão de ótica. Logo, não existe alternativa senão parar de protelar indefinidamente e dividir os projetos-elefante em pequenos pedaços realizáveis e menos assustadores. Este é o desfecho ecologicamente incorreto da técnica americana. Os consultores da TMI perguntam: como comer um elefante? A resposta é simples: pedaço por pedaço!

REALIZAÇÃO DE PROJETOS PASSO A PASSO

1º PASSO | DEFINA SEU OBJETIVO COM CLAREZA E PRECISÃO

A conclusão de um projeto é coroada com a realização de uma meta, um objetivo. Um projeto realizado equivale a um objetivo alcançado[2].

---

2   Existe uma grande confusão entre os conceitos de alvo, meta e objetivo. Vários dicionários e alguns autores e consultores, como eu, defendem que metas e objetivos são

> "Diga-me, por favor, para que lado devo seguir daqui?
> Depende muito de para onde você quer ir,
> respondeu o Gato.
> Não me importa muito onde, falou Alice.
> Então, não importa por onde você vai, concluiu o Gato".
>
> Diálogo de Alice com o Gato Cheshire, em
> *Alice no País das Maravilhas*, de Lewis Carrol (1832–1898)
> Romancista britânico

Sendo assim, antes de fatiarmos nossos projetos-elefante em pequenos pedaços palatáveis, é preciso definir com clareza e precisão o que queremos realizar, qual objetivo queremos alcançar. Aqui minha sugestão recai sobre a técnica mais prática, popular e consagrada, o método SMART.

Segundo a literatura técnica, o primeiro registro por escrito do método SMART data de novembro de 1981, quando George T. Doran, consultor e ex-diretor de planejamento Corporativo da Washington Water Power Company, uma grande companhia americana de distribuição de eletricidade e gás, hoje conhecida com Avista, publicou um artigo na revista *Management Review*, intitulado "There's a S.M.A.R.T. way to write managements's goals and objectives".

Para Doran, muitas vezes, as causas que levavam as pessoas e organizações a falharem em seus projetos não eram a falta de competência ou motivação, mas a ausência de um objetivo claro e preciso. Em seu artigo para a *Management Review*, ele afirma: "O estabelecimento de objetivos e

---

sinônimos. Outros relacionam os objetivos a um alvo qualitativo, e as metas, por sua vez, a um alvo quantitativo. Por exemplo: aumentar o faturamento da minha empresa é um objetivo, enquanto aumentar o faturamento em 10% no primeiro trimestre é uma meta. Ou ainda, perder peso é um objetivo, e emagrecer um quilo em um mês é uma meta. Para simplificar e evitar polêmicas desnecessárias, neste livro defendo a ideia de que metas e objetivos, bem como alvos, são sinônimos.

o desenvolvimento de seus respectivos planos de ação são os passos mais críticos no processo de gestão de uma empresa.".

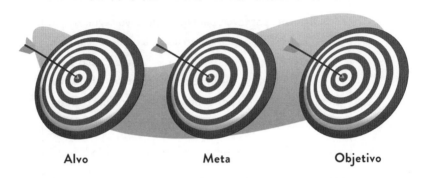

Alvo   Meta   Objetivo

Ilustração 3

De sua criação até hoje, o método SMART, um acrónimo formado originalmente pelas palavras *Specific, Measurable, Assignable, Realistic e Timely*, ganhou diversas versões que vão desde *Specific, Measurable, Attainable, Realistic e Tangible*, até uma variante turbinada, rebatizada de SMARTER, com os itens *Specific, Measurable, Assignable, Realistic, Timely, Evaluated e Reviewed*.

Pessoalmente, entendo que todas as versões têm seus méritos. As versões tradicionais são voltadas para o ambiente corporativo, enquanto as versões mais recentes são um pouco mais alinhadas com o discurso dos gurus, *coaches* e livros de autoajuda. De todo modo, a concisão e efetividade do método são indiscutíveis.

Neste livro, recomendo uma variante ligeiramente pragmática e um pouco mais voltada para desafios pessoais, formada, por sua vez, pelos termos *Specific, Measurable, Agreed, Realistic e Timely*, que devidamente traduzidos, nos levam a Específico, Mensurável, Acordado, Realista e Tempo Oportuno.

A aplicação do método SMART é muito simples. São cinco itens que formam um *checklist*. Basta definir o objetivo que você quer realizar e, em seguida, certificar-se que ele atenda todos os itens do método. Os defensores do método argumentam que o SMART reduz o risco de criar uma meta vaga ou confusa e, portanto, improvável de ser alcançada[3].

Vamos, agora, conhecer um pouco melhor a técnica a partir de três exemplos; um curso de História da Arte, uma viagem de peregrinação e a leitura de um livro. No final deste capítulo, incluí um roteiro bem prático e objetivo para ajudar você a construir seus objetivos SMART. Se preferir, faça o download do mesmo roteiro no site www.altabooks.com.br.

ESPECÍFICO

O primeiro item do método SMART é específico que, por sua vez, é sinônimo de singular, de único, de ímpar, ou ainda, o oposto de plural. Neste item devemos, então, evitar as imagens turvas e desfocadas e definir nossos objetivos com a maior precisão e detalhamento possível.

Um curso de História da Arte, uma viagem de peregrinação e a leitura de um livro são objetivos muito vagos e imprecisos que nos lembram o clássico comentário do Gato Cheshire, de *Alice no País das Maravilhas*. *"Se você não é capaz de me dizer exatamente o que você quer, qualquer coisa deve servir"*. Por outro lado, concluir em três anos o curso de licenciatura em História da Arte na Universidade de Coimbra; percorrer a pé os 318 km que separam as cidades de Águas da Prata-SP a Aparecida-SP da rota de peregrinação Caminho da Fé, uma versão brasileira do Caminho de Santiago, na Espanha, entre os dias 1 a 14 de setembro do próximo ano; e, ler, em uma semana, as 260 páginas do livro *Momo e o Senhor do Tempo*, do escritor alemão Michael Ende (1929–1995), são exemplos de objetivos bem específicos e singulares.

Detalhar o máximo possível um objetivo contribui também para a ocorrência de um benéfico efeito colateral. Quando você sabe exatamente o que quer realizar, algumas etapas do projeto surgem espontaneamente, contribuindo para elaboração de um plano de ação. Todo projeto é, no mínimo, composto por dois elementos. Um objetivo e um plano de ação. É como um mapa de tesouro pirata. O objetivo é o X, isto é, onde queremos chegar ou o que queremos conquistar.

---

3. Fonte: <https://www.projectsmart.co.uk/brief-history-of-smart-goals.php>. Acesso em 09/09/2018.

O caminho, por sua vez, representa o plano de ação, os passos na direção do objetivo. No exemplo da leitura do livro, as etapas do plano de ação são bem obvias, ou seja, para concluir em uma semana a leitura de um livro de 260 páginas é preciso ler, aproximadamente, 40 páginas por dia. O objetivo claro e preciso conduz diretamente aos passos do plano de ação. No final deste capítulo, incluí uma tabela com o passo a passo, isto é, a descrição do plano de ação dos três exemplos deste tópico.

MENSURÁVEL

> "Não se gerencia o que não se mede, não se mede o que não se define, não se define o que não se entende, e não há sucesso no que não se gerencia".
>
> William Edwards Deming, Estatístico, palestrante e consultor americano (1900-1993)

O pai da gestão pela qualidade Edwards Deming costumava dizer que aquilo que não pode ser medido não pode ser gerenciado. É bem por aí. O que não pode ser medido não pode ser realizado. Seja lá como for você deve incorporar ao seu objetivo SMART, ao menos um indicador matemático que permita medir o seu progresso. Mostrar com precisão onde exatamente você está e quanto falta para concluir seu projeto.

Vamos aos exemplos. Para mensurar a Licenciatura em História da Arte podemos adotar como indicadores o valor das mensalidades e a cotação do Euro, como também as datas de início e encerramento do curso, e até mesmo as notas mínimas para aprovação. Para a percorrer o trecho entre Águas da Prata e Aparecida do Caminho da Fé são outros três indicadores, as datas de início e encerramento da caminhada, o tempo de duração e a extensão da peregrinação. Finalmente, para a leitura do romance de fantasia de Michael Ende, os indicadores podem ser o número de páginas, bem como o tempo de leitura.

ACORDADO

"Sonho que se sonha só é só um sonho que se sonha só, mas sonho que se sonha junto é realidade".

Trecho de *Preludio*, música de Raul Seixas (1945 – 1989)
Cantor e compositor brasileiro

O próximo item do método aponta para a participação ou interferência de outras pessoas na realização de seu objetivo SMART. O conceito é bem amplo e flexível. Acordado pode significar não só acordo, como também parceira, cumplicidade, apoio, orientação, aliança, sociedade, autorização e por aí vai... Somos seres sociáveis e vivemos todos numa complexa rede de relacionamentos e conexões, o que na prática significa que muitas vezes precisamos construir ou negociar alguma espécie de acordo com outras pessoas para concluir nossos objetivos SMART.

Para um jovem adolescente que mora com os pais, viver pelo menos três anos em Coimbra cursando uma Licenciatura em História da Arte implica numa série de acordos, que vão desde o acordo com a Universidade até, por exemplo, o acordo com a família. Entenda a aprovação do exame de admissão como o acordo com a Universidade, e o apoio financeiro e o consentimento dos pais como o acordo com a família.

Para enfrentar três centenas de quilômetros do Caminho da Fé, além de fazer as reservas nas pousadas ao longo do caminho, convém procurar pelo menos um companheiro de viagem, fazer um *check-up* e, quem sabe, até algumas aulas com um preparador físico, outros quatro exemplos de acordo. Pegar um livro emprestado com um amigo ou na biblioteca implica em outro acordo. Observe, porém, que a participação de outras pessoas não tira de você a responsabilidade maior na conclusão do seu objetivo SMART. Em última instância, o projeto, bem como o interesse na sua conclusão, é todo seu.

REALISTA

O custo de vida para um estudante em Coimbra é de, aproximadamente, 700 euros por mês. As mensalidades do curso, que em português de Portugal são curiosamente chamadas de propinas, são mais 1.065 euros. Isso tudo sem contar com as passagens aéreas e outras despesas extras. Consulte um conversor de moedas e faça o câmbio. Para algumas famílias, bancar um estudante em Coimbra é viável e realista. Para outras, não. Todos temos nossas limitações.

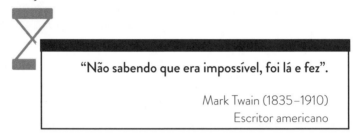

"Não sabendo que era impossível, foi lá e fez".

Mark Twain (1835-1910)
Escritor americano

Um SMART responsável e comprometido com resultados deve ser realista. Mas, atenção! Não estou dizendo que é impossível superar limites. Com planejamento, dedicação e tudo o mais, somos todos potencialmente capazes de realizar as mais extraordinárias façanhas. O velejador Amyr Klink, por exemplo, foi ousado, mas realista, quando cruzou o Atlântico em um minúsculo barco a remo. Por outro lado, é bem provável que ele jamais tentaria cruzar o Atlântico sozinho a nado. Existe um limite entre o realizável e a fantasia inconsequente.

Conheci uma jovem universitária que conseguiu fazer um intercâmbio no Canadá, apesar da família notadamente não ter condições financeiras para ajudá-la. Ela superou a falta de dinheiro com garra e dedicação. Fez palestras em escolas, mobilizou sua rede de contatos e organizou um *crowdfunding* bem informal, mas eficaz. No SMART, ser realista é ser prático sem deixar de ser ousado. Outro exemplo mais simples: você é extremamente sedentário e resolveu enfrentar centenas de quilômetros de uma caminhada de peregrinação a partir de amanhã. Sem chance.

Por outro lado, é possível, sim, assumir um compromisso com esta meta para um ano ou dois, desde que você deixe imediatamente o sedentarismo de lado e comece a praticar atividades físicas gradativamente. Primeiro, uma caminhada leve, em seguida uma caminhada um pouco mais pesada, e assim por diante. Um sedentário percorrer o Caminho da Fé amanhã é estupidez, daqui um ou dois anos e com o preparo adequado é possível, sensato e realista.

OPORTUNO

No método SMART, o conceito de tempo é relativamente abrangente. Na tradução literal, *Timely* significa oportuno ou momento adequado. Logo, este item remete principalmente à data de conclusão do seu projeto, o momento oportuno, mas pode também compreender a data de início do projeto, a frequência ou a data de conclusão das etapas, os pedaços do elefante. O projeto leitura do livro pode ser concluído pela soma de frações semelhantes entre si, isto é, 40 páginas por dia.

Por outro lado, a Licenciatura em História da Arte demanda uma lista imensa de passos distintos da matrícula até a conclusão propriamente dita do curso. Neste caso, o item *Tempo Oportuno* pode adquirir a aparência de um cronograma com datas definidas e pontos de controle para cada um dos passos, do início à conclusão do projeto.

QUANTOS DESAFIOS SMART CABEM NA SUA VIDA?

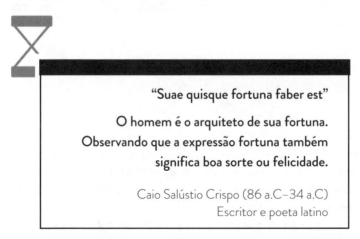

"Suae quisque fortuna faber est"
O homem é o arquiteto de sua fortuna.
Observando que a expressão fortuna também significa boa sorte ou felicidade.

Caio Salústio Crispo (86 a.C–34 a.C)
Escritor e poeta latino

Você deve ter notado que tive o cuidado de ilustrar este método com exemplos de diferentes níveis de complexidade e duração. O método

SMART é extremamente versátil e abrangente. Ele atende com eficácia desde projetos bem simples e de curtíssimo prazo, como ler um livro, até projetos complexos e de longo prazo, como uma Licenciatura em História da Arte, na pátria de Fernando Pessoa e Camões.

Esta é uma das características que mais valorizo no método SMART. Você há de concordar comigo. Usar o mesmo método tanto para pequenos como para grandes projetos é bem mais simples e prático do que usar abordagens diferentes para desafios diferentes. Em última análise, isso representa um ganho imenso de tempo.

Observe também que a representação de um SMART complexo e de longo prazo tende a ser muito maior e detalhada que o registro de um SMART mais simples e de apenas alguns dias. De todo modo, independentemente do porte do seu SMART, convém que todos os cinco itens do método sejam sempre contemplados. Veja os exemplos no quadro a seguir[4].

Mas se você nunca usou outra versão do SMART, ou qualquer outra metodologia parecida, recomendo que, a princípio, você contenha o entusiasmo e, como dizia a minha sábia avó Eurica, não vá como muita sede ao pote. Comece pequeno exercitando o método com alguns desafios de curto prazo em sua vida privada como, por exemplo, trocar os móveis da sala, cultivar morangos, ler todos os livros do Paulo Coelho ou fazer uma pequena viagem de fim de semana.

---

4   Na prática, você irá notar que com alguma frequência acontecem algumas redundâncias entre os diferentes campos do método SMART. Por exemplo, as datas de início e encerramento da licenciatura em Coimbra podem atender tanto ao campo *Mensurável*, como o campo *Tempo Oportuno* do Método. Caso o período do curso for conveniente para o jovem estudante e não entre em choque, digamos, com a agenda de outro curso que ele estiver concluindo no Brasil, esta informação pode constar também no campo *Realista*. Não se preocupe com isso. Essa redundância é tão somente um efeito colateral sem gravidade.

	CURSO DE HISTÓRIA DA ARTE	CAMINHO DA FÉ	LEITURA
ESPECÍFICO	Cursar Licenciatura em História da Arte na Universidade de Coimbra/ Portugal com duração de 3 anos, distribuídos em 6 semestres e coordenado pela Prof.ª Dra. Luísa Trindade	Percorrer a pé os 318km do Caminho da Fé, que liga as cidades de Águas da Prata-SP a Aparecida-SP, entre os dias 1 e 14 de setembro.	Ler o livro *Momo e o Senhor do Tempo*, do escritor alemão Michael Ende, com 260 páginas.
MENSURÁVEL	• Valor da matrícula e das mensalidades • Número de aulas e semestres • Médias para aprovação	• Distância percorrida • Dias do trajeto • Dias de início e conclusão do trajeto	• Número de páginas por dia
ACORDADO	• Matrícula (candidatura) na Universidade • Emissão de Certificado de Direito à Assistência Médica • CDAM e do Boletim de Vacinas • Obtenção de visto para estudante • Acordo com a família	• Fazer um *check-up* preventivo • Negociar os dias de folga com família e no trabalho • Fazer as reservas de hotéis e pousadas ao longo do caminho.	• Pegar o livro emprestado na biblioteca da empresa
REALISTA	•Disponibilidade financeira • Emissão de visto para estudante	• Condicionamento físico adequado • Tênis, equipamentos e vestiário adequado	• Disponibilidade de tempo para a leitura
TEMPO OPORTUNO	• Data do vestibular • Período de matrícula • Data de início e encerramento dos módulos	• Dia de início e conclusão da peregrinação	• Data de início da leitura • Data de conclusão da leitura

Quadro 4 – Exemplos de Projetos SMART

Deixe os desafios mais complexos e que envolvam sua vida profissional para depois que conquistar mais intimidade com o método.

CURSO DE HISTÓRIA DA ARTE

1. Pesquisar sobre o curso de Licenciatura em História da Arte no site da Universidade de Coimbra.
2. Imprimir os arquivos do site com informações importantes.
3. Levantar os custos com mensalidades, hospedagem, alimentação e passagens.
4. Obter a Carta de Aceitação da Universidade e a Declaração para efeitos de obtenção de Visto de Estudos.
5. Tirar o passaporte.
6. Requisitar o visto de estudante.
7. Pesquisar e comprar passagens.
8. Pesquisar opções de translado de Lisboa para Coimbra.
9. Comprar malas e roupas adequadas para o clima.
10. Comprar Euros num banco ou casa de câmbio.
11. Solicitar um cartão de crédito internacional e pesquisar opções de remessa de valores.
12. Pesquisar opções de alojamento em www.uc.pt/go/alojamento
13. Solicitar a Declaração de Entrada assim que desembarcar.
14. Fazer a inscrição no Serviço Nacional de Saúde.

CAMINHO DA FÉ

1. Pesquisar sobre o Caminho da Fé no site oficial e em fóruns na internet.
2. Pesquisar sobre preços e horários das passagens de ônibus para Águas de Prata e de retorno a partir de Aparecida.
3. Fazer as reservas das pousadas para os pernoites.
4. Fazer uma estimativa de gastos considerando passagens, hospedagem, alimentação e despesas extras.
5. Elaborar um *checklist* com roupas, equipamentos e outros itens.
6. Agendar um *check-up* com o cardiologista.
7. Exercitar-se regularmente, pelo menos durante seis meses antes do caminho.

LEITURA

1. Reservar o livro na biblioteca.
2. Pegar o livro na biblioteca.
3. Dividir o livro em sete frações de 40 páginas, aproximadamente.
4. Ler uma fração por dia, de segunda a domingo, no início da noite, das 19h00 às 20h00.
5. Devolver o livro.

Quadro 5 – Exemplos de Planos de Ação Simplificados

Evite também sobrepor vários desafios simultâneos. Melhor concentrar seu foco e energia em dois ou três desafios significativos do que pulverizar sua atenção numa lista de pretensões exagerada e impraticável. Alguns especialistas recomendam balancear os desafios SMART de acordo com seu porte e complexidade. Por exemplo, para cada SMART de longo prazo, assuma, em paralelo, mais dois desafios de médio prazo e mais três de curto prazo. Deste modo, você se comprometerá não só com grandes realizações, como concluir um doutorado, como também com pequenos desafios, como cultivar morangos.

Ao longo da minha trajetória como consultor e palestrante, tive a oportunidade de encontrar indivíduos que representavam os dois extremos. Conheci pessoas profundamente comprometidas com grandes realizações, como construir uma grande empresa, conquistar o primeiro milhão ou concluir um doutorado, que perderam a oportunidade de desfrutar de dezenas de pequenos prazeres e conquistas, como ir a uma edição do Rock in Rio; da Oktoberfest, em Blumenau (ou na Alemanha!); do Festival de Parintins ou da Festa do Peão de Barretos.

Por outro lado, conheci também outras pessoas que nunca realizaram algo verdadeiramente grande porque concentravam seus esforços apenas em pequenos desafios de curto prazo. Entre meus vários exemplos, dois até combinam. Conheci um empresário muito bem-sucedido e com um grande patrimônio, que hoje se lamenta de ter perdido todos os shows do Queen no Brasil; como também conheci um roqueiro que assistiu uma quantidade absurda de shows (inclusive todos os shows do Queen na sua a formação original com Fred Mercury, ou seja, em 1981, em São Paulo, e em 1985, no Rock in Rio), mas nunca conquistou algo realmente grande.

Melhor equilibrar a balança, isto é, conquistar o primeiro milhão ou concluir o doutorado, mas não deixar de assistir aos shows da sua banda preferida.

Observe também, pelos exemplos anteriores, que de modo geral, os desafios de curto e médio prazo apontam para pequenas realizações do dia a dia com foco em mais conforto, mais segurança, mais diversão e pequenos degraus na escada do desenvolvimento profissional e pessoal, enquanto os desafios de longo prazo, via de regra, remetem à realização das nossas maiores ambições e propósitos de vida.

Sendo assim, enquanto os pequenos desafios de curto e médio prazo implicam apenas em escolher a estampa do estofado novo da sala, reservar o hotel em Barretos ou incluir frutas e fibras na dieta, os desafios de longo prazo demandam um pouco mais de atenção e critério. Uma boa estratégia consiste em alinhar seus desafios de longo prazo com sua declaração de missão pessoal, ou com o conjunto de seus valores e princípios.

MISSÃO DE VIDA, PRINCÍPIOS E VALORES

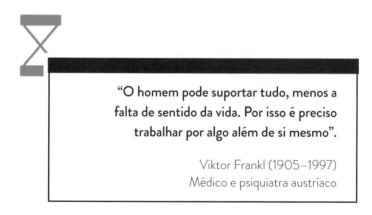

"O homem pode suportar tudo, menos a falta de sentido da vida. Por isso é preciso trabalhar por algo além de si mesmo".

Viktor Frankl (1905–1997)
Médico e psiquiatra austríaco

O QUE É MISSÃO DE VIDA?

Similar às declarações de missão que costumamos encontrar em elegantes quadros emoldurados nas salas de reuniões e nos sites das grandes empresas, a declaração de missão pessoal é uma breve descrição, por escrito, dos seus valores e princípios de vida.

Vejamos alguns exemplos de declarações pessoais de missão.

- "Ter misericórdia para com os pobres e doentes". — *Madre Tereza de Calcutá*

- "Deixar que a primeira ação, todas as manhãs, seja fazer a seguinte resolução para o dia: Não temerei ninguém na terra. Temerei somente a Deus. Não terei maus sentimentos em relação a ninguém. Não me submeterei à injustiça por parte de ninguém. Conquistarei a inverdade com a verdade. E, ao resistir à inverdade, suportarei todo o sofrimento". — *Gandhi*

- "Minha missão na vida não é apenas sobreviver, mas prosperar, e fazê-lo com alguma paixão, alguma compaixão, um pouco de humor, e algum estilo". — *Maya Angelou*

Até aqui, tudo bem. Eu também defendo e, muitas vezes, conduzi dinâmicas de descoberta de missão nos meus cursos. Só tem um porém. As declarações de missão são sempre muito inspiradoras e ficam bem charmosas na primeira página de um diário, em discursos de formatura ou em posts de redes sociais, mas para a maioria das pessoas, tem pouco efeito prático e acabam caindo no esquecimento.

Na correria do dia a dia, quase ninguém tem tempo ou o hábito de consultar sua declaração pessoal de missão quando marca a data do casamento, adota um cachorro, compra uma cota de consórcio, faz uma tatuagem ou escolhe a carreira que pretende seguir.

Tenho uma alternativa bem mais simples e objetiva. Deixamos as frases poéticas e afirmativas entre aspas e letras itálicas de lado e, no seu lugar, relacionamos entre quatro a seis valores ou princípios pontuais, precisos e práticos.

E, O QUE SÃO VALORES E PRINCÍPIOS?

PRINCÍPIOS

São preceitos ou pressupostos considerados universais, que definem as regras pela qual uma sociedade civilizada deve se orientar. Em qualquer lugar do mundo, princípios são incontestáveis, pois, quando adotados, não oferecem resistência alguma. Amor, felicidade, liberdade e paz são exemplos de princípios considerados universais.

VALORES

Diferente dos princípios, os valores são pessoais, subjetivos e contestáveis. O que importa para uma pessoa não importa necessariamente para outra. Sua aplicação pode ou não ser ética e varia conforme as referências culturais, o caráter e a personalidade de quem os adota. Sucesso, poder, riqueza e beleza são exemplos de valores distorcidos na nossa sociedade. Os princípios são universais, os valores são individuais.

Assim, vejamos, a minha missão pessoal é "Ajudar as pessoas que querem viver melhor o seu tempo, com mais produtividade, mais equilíbrio e menos estresse. Educar e orientar as minhas filhas com os mesmos valores e princípios que aprendi com os meus pais e avós. Ser um pai, um marido, um filho e um amigo sempre presente e companheiro. Através do meu trabalho, poder proporcionar para minha família uma vida saudável, plena e confortável".

Muito bem. Vamos resumir toda essa conversa bonitinha em não mais do que seis valores ou princípios. O resultado é esse: trabalho, família, relacionamentos e bem-estar. Sem rodeios, sem *blá, blá, blá*, sem aspas e sem itálico. Consegui resumir as 67 palavras da minha declaração pessoal de missão em apenas quatro itens, sem perder a sua essência.

Você pode até achar que a declaração de missão é mais elegante e motivadora. Pessoalmente, eu também acho, e gosto muito da minha declaração pessoal de missão. Por outro lado, não me importo em renunciar ao texto rebuscado da minha missão para ganhar em simplicidade e objetividade.

Para ser bem sincero, a ideia de substituir a declaração de missão por uma lista de itens nem é tão inédita assim. No livro *Caminhos e Escolhas: o equilíbrio para uma vida mais feliz*, o empresário Abílio Diniz, por exemplo, afirma pautar sua vida em seis pontos, que ele chama de pilares. São eles: o amor, a alimentação, a espiritualidade, o controle do estresse, o autoconhecimento e a atividade física.

Ilustração 4 – Roda da Vida do Coaching

E, temos também a Roda da Vida[5], um instrumento de autoavaliação bastante popular utilizado em sessões de *coaching* e treinamentos motivacionais, e que sugere uma lista de valores e princípios fixos.

A Roda da Vida do *Coaching* muito provavelmente foi inspirada na também chamada roda da vida ou roda da existência do Budismo *Mahayana*, frequentemente encontrada na entrada dos grandes templos tibetanos e lojinhas de *souvenires* chineses. A Roda da Vida do *Coaching* lista entre seis, oito e dez valores e princípios, tais como família, carreira, finanças, saúde, espiritualidade, educação, relacionamentos e amor.

---

5   Ao que tudo indica *A Roda da Vida do Coaching* foi desenvolvida na década de 60 pelo consultor e pioneiro da indústria do coaching, Paul J. Meyer (1928–2009), fundador do *Success Motivation Institute* e autor de vários livros, entre eles o best-seller *As 25 chaves para o sucesso*.

QUAIS SÃO SEUS VALORES E PRINCÍPIOS?

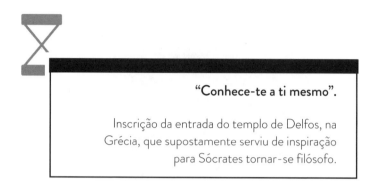

"Conhece-te a ti mesmo".

Inscrição da entrada do templo de Delfos, na Grécia, que supostamente serviu de inspiração para Sócrates tornar-se filósofo.

Faça agora mesmo uma rápida reflexão. Pegue uma caneta e uma folha de papel e relacione os itens que melhor representem seus valores e princípios de vida. Se preferir, escolha entre quatro a seis itens da lista a seguir: Família, Trabalho, Carreira, Relacionamentos, Amor, Bem-estar, Saúde, Desenvolvimento Pessoal, Desenvolvimento Espiritual, Voluntariado e Prosperidade Financeira.

Sinta-se à vontade para acrescentar também outros itens que julgar necessário.

A grande maioria das pessoas conclui este exercício em alguns minutos e sem muito esforço. De modo geral, estes itens já estão eleitos e registrados no inconsciente de todos nós. Como disse, certa vez, o médico e psiquiatra austríaco, Viktor Frankl (1905–1997), sobrevivente dos campos de concentração da campanha nazista e autor do best-seller *Em busca de Sentido*, missão de vida não é algo que inventamos, mas sim uma descoberta que fazemos quando olhamos com atenção para dentro de nós mesmos.

Com a lista em mãos, o próximo passo é certificar-se que suas ações do dia a dia, bem como seus projetos de longo prazo, estão em sintonia com os itens da lista. Não é raro, por exemplo, encontrar quem eleja prosperidade financeira ou desenvolvimento pessoal como valores e princípios de vida, mas sequer tem uma pequena poupança ou cultiva o hábito da leitura.

Outra proposta, um pouco mais simples, consiste em atribuir ao menos um SMART para cada um dos seus papéis mais significativos. Papéis são os personagens que representamos na vida, tais como os papéis de pai (ou mãe), de profissional, de esportista e de voluntário. Qual o sentido, por exemplo, de exercer o papel de profissional ou de esportista e não engajar cada um desses papéis com ao menos um desafio significativo, como uma promoção no trabalho, uma pós-graduação ou participar de uma competição esportiva? Vamos trabalhar o conceito de papéis com mais profundidade na conclusão deste livro.

MÉDIO PRAZO É QUANTO TEMPO?

Não existe uma definição precisa sobre a duração do que é curto, médio e longo prazo. Os economistas costumam usar os seguintes parâmetros: curto prazo de 1 a 2 anos, médio prazo de 3 a 9 anos e longo prazo, acima de 10 anos. Entretanto, essa escala está longe de ser uma unanimidade.

Médio prazo pode ser três semanas, três meses, três semestres ou três anos. Vejamos dois exemplos. Quanto tempo é médio prazo quando se trata de construir uma casa ou 300 moradias populares? Tudo depende do ponto de referência, do contexto. No primeiro exemplo, construir uma casa, médio prazo pode ser boa parte de uma vida adulta. A vida de quem constrói a sua própria casa.

No segundo exemplo, médio prazo pode ser os quatro anos de mandato do prefeito que prometeu, em campanha, construir as tais 300 casas populares. Sendo assim, para você construir uma casa, médio prazo pode significar algo em torno de quatro a seis anos. Já para o prefeito construir trezentas casas em médio prazo são dois ou três anos!

Enfim, o que realmente importa é que você execute seus projetos de três semanas em três semanas, e seus projetos de três meses em três meses. Até mesmo porque se você levar três meses para executar um projeto de três semanas, ele não é mais um projeto. Você protelou, deixou para depois e o projeto virou crise. O exemplo do prefeito é muito bom. Quanto tempo um prefeito tem para construir as casas populares antes que acabe o seu mandato e sua promessa de campanha vire crise ou apenas mais uma promessa não cumprida? O que vale são os bons resultados no prazo adequado. Alguns conquistamos em três semanas, outros em três anos.

ROTEIRO PARA ELABORAÇÃO DOS SEUS OBJETIVO SMART

ESPECÍFICO	Descreva detalhadamente o objetivo do seu SMART a ponto de diferenciá-lo de qualquer alternativa semelhante.	
MENSURÁVEL	Eleja pelo menos um indicador matemático através do qual seja possível mensurar com precisão a conclusão, bem como a evolução do seu SMART	
ACORDADO	Identifique outras pessoas que participam direta ou indiretamente da execução do seu SMART. Descreva qual o papel de cada uma delas no SMART.	
REALISTA	Certifique-se de possuir todas as condições e recursos para execução do SMART. Tais como, tempo, dinheiro, conhecimento, recursos físicos, entre outros...	
TEMPO OPORTUNO	Identifique as datas de início e conclusão do SMART, bem como as datas das etapas do plano de ação, quando houver.	

Quadro 6 – Roteiro de Elaboração do Método SMART
Este quadro está disponível também para download em: www.altabooks.com.br

> "Os objetivos trazem ordem, significado e finalidade à vida, sustentando o interesse e a motivação por um longo período. Os objetivos evocam suas qualidades mais nobres; eles expressam seu desejo de realizar, de melhorar sua vida e de ser mais efetivo, mais produtivo e de obter mais sucesso amanhã do que você já conseguiu até agora".
>
> Paul J Meyer (1928-2009)
> Escritor e consultor americano

2º PASSO | REGISTRE SUAS METAS E PROJETOS POR ESCRITO

De Napoleon Hill a Brian Tracy, autores dos best-sellers *A Lei do Triunfo* e *Goals!*, respectivamente, em pelo menos um ponto os autores de livros de autoajuda, coaches e consultores de produtividade são unânimes. Metas e projetos devem ser registrados por escrito. De certo modo, podemos dizer que elaborar o registro de suas metas por escrito é o equivalente a redigir um contrato com a pessoa mais interessada no cumprimento da meta ou projeto, isto é, você! O registro por escrito é um autocontrato.

No best-seller *What They Don't Teach You at Harvard Business School* (O que eles não te ensinam na Harvard Business School, sem tradução para o Brasil), o escritor e advogado americano, Mark McCormack (1930–2003), apresenta um interessante fenômeno observado entre estudantes do MBA da universidade de Harvard de 1979. Um levantamento conduzido naquele ano identificou que apenas 3% dos graduandos tinham metas por escrito, contra 13% que não tinham nenhuma meta definida.

Dez anos mais tarde, pesquisadores e professores da Havard constataram que os 13% dos alunos com metas definidas e não registradas ganhavam, em média, o dobro dos 84% por cento que não tinham metas definidas. Por sua vez, os 3% dos graduandos que tinham metas específicas e registradas por escrito, tinham uma renda 10 vezes maior que os restantes 97% somados!

Essa história, bem como dezenas de outros estudos e experiências semelhantes, comprova que o espírito de formalidade de um registro por escrito contribui enormemente para a efetividade dos projetos e a conquista de resultados. Pode apostar. Vale muito a pena registrar suas metas por escrito.

	EM 1979	EM 1989
3%	Tinham metas por escrito	Ganhavam 10 vezes mais que os 97% dos colegas restantes
13%	Tinham metas, mas não registradas	Ganhavam o dobro dos 84% dos colegas que não tinham metas
84%	Não tinham metas	- - -

Quadro 7 – Fonte: Mark McCormac. *What They Don't Teach You at Harvard Business School.*

Para fazer parte de um grupo seleto como os 3% dos alunos da Havard com resultados extraordinários, você pode adotar o expediente tradicional e registrar suas metas e projetos em um diário, uma agenda ou caderno de anotações. Mas, se preferir, pode também abraçar a modernidade e utilizar um aplicativo para smartphone ou computador. Pesquise por metas ou *Goals App* no seu smartphone. Não faltam opções eficazes e interessantes.

Evidente que, seja como for, você deve rever suas metas frequentemente e colocar os seus planos em prática. Registrar suas metas numa agenda, para depois esquecê-las no fundo de uma gaveta, não leva a nada.

Vejamos agora mais algumas dicas bem bacanas para turbinar suas metas por escrito.

1. QUADRO DE METAS

Pendure um quadro magnético ou de cortiça na parede do seu quarto ou escritório com o registro das suas metas. Acrescente um cronograma com pontos de controle, fotos, recortes de revistas, cartões-postais e frases motivadoras. Quanto mais lúdico, melhor.

Sua meta é passar as férias com a família na Disney? Uma alternativa mais simples, mas também eficaz, é colocar fotos dos portões ou atrações dos parques na tela de inicialização ou no plano de fundo da área de trabalho do seu notebook ou do seu smartphone. Complete o cenário com um boneco do Mickey ou um porta-lápis do Pateta sobre a sua mesa. Fotos, bonecos e porta-lápis não são declarações de metas por escrito, mas, como dizem, uma boa imagem vale por mil palavras.

Ilustração 5 – Quatro de Metas.

2. E-MAIL PARA O FUTURO

No site *www.futureme.org* você pode escrever e enviar e-mails motivadores para você mesmo no futuro. Você pode programar o envio de uma sequência de e-mails que lembrem as etapas de um projeto, como também enviar uma única mensagem com um grande abraço e felicitações pelo seu objetivo alcançado.

3. COMPROMISSO PÚBLICO

Essa sugestão não é para os fracos. Reúna a família ou os amigos mais próximos e assuma publicamente o compromisso com uma meta. Quando defini a data de conclusão deste livro, comecei a compartilhá-la com minha família, meus clientes mais próximos e os alunos dos meus cursos. Imagine você se eu não cumprisse a meta. Ia ficar muito chato. Minha credibilidade e profissionalismo ficariam abalados. Dei meus pulos e concluí o livro no prazo estipulado.

3º PASSO | DIVIDA O PROJETO EM PEQUENAS FRAÇÕES REALISTAS E EXECUTÁVEIS

Agora que você já definiu e registrou com clareza e precisão as metas que você quer alcançar através dos seus projetos-elefante, é hora de fatiá-los em pequenos pedaços que caibam na sua agenda. A dica é aliar aritmética básica com bom senso. A leitura de um livro é um bom exemplo. Frações muito pequenas são desmotivadoras. Ler um livro de 260 páginas em um mês é um tédio muito grande. Não dá nem um capítulo por dia.

Por outro lado, dividir o livro em duas frações de 130 páginas é impraticável para a maioria das pessoas e na maior parte do tempo, exceto, digamos, se você estiver de férias num resort, deitado na rede e bebendo água de coco. Mesmo assim, imagino que você prefira ler um pouco menos para reservar um bom tempo para a piscina, uma caminhada na praia e uma partida de vôlei.

Eu leio, em média, um livro por semana. Tenho consciência de que não tenho tempo, tampouco interesse, para ler um livro por dia. Por outro lado, cultivei o bom hábito de ler um pouco por dia, todos os dias. Um livro por dia não cabe na minha agenda. Um livro por semana cabe. Você entendeu. Evite os extremos. Frações muito pequenas são cansativas e desmotivadoras. Frações muito grandes são, normalmente, impraticáveis. Um pouco mais à frente retomaremos esta questão e veremos como incluir corretamente as frações dos seus projetos no campo *o que temos para amanhã?* da sua lista de tarefas.

4º PASSO | MANTENHA O RITMO E A MOTIVAÇÃO

> "Nós somos o que fazemos repetidamente. A excelência, portanto, não é um ato, mas um hábito".
>
> Aristóteles (384 a.C.–322 a.C.)
> Filósofo grego

Para aprender um novo idioma, estudar um pouco por dia, é comprovadamente muito mais eficaz do que estudar apenas quatro ou oito dias por mês. Do mesmo modo, praticar uma atividade física somente nos finais de semana pode ser mais prejudicial à saúde do que ser sedentário. Na realização de projetos, a constância e a frequência são sempre mais importantes e eficazes do que a intensidade. Sendo assim, prefira sempre comprometer-se com pequenas frações diárias a grandes frações semanais ou mensais. Quanto maior a frequência das frações, maior a motivação para seguir em frente com seu projeto.

Sem contar que sempre é mais prático e viável encaixar na agenda pequenas frações frequentes do que grandes frações esparsas. Todo bom estudante sabe, por exemplo, que é muito melhor ler e estudar 30 minutos todos os dias, do que três ou quatro horas num domingo ensolarado com a piscina do condomínio praticamente implorando por um mergulho. A disciplina e determinação em manter o compromisso com pequenas frações frequentes também contribui enormemente para a criação de novos hábitos.

Um hábito, como você sabe, é tudo aquilo que fazemos quase que automaticamente, sem esforço ou resistência. Bons hábitos são grandes aliados da realização de projetos. Desenvolver hábitos como acordar cedo, ler, estudar, meditar, comer uma fruta diariamente, fazer uma caminhada ou uma pequena série de exercícios físicos, são bons exemplos que só têm a contribuir para seu bem-estar e uma boa relação com o seu tempo. Por outro lado, aceite com naturalidade, e sem remorso, que nem todos os dias você será capaz de estudar um pouco de inglês ou fazer uma caminhada.

Imprevistos acontecem. Retome a sequência de frações no dia seguinte e siga em frente.

NOVOS HÁBITOS E O MITO DOS 21 DIAS

Você já leu ou ouviu falar que são necessários 21 dias para criar um hábito, como abandonar o sedentarismo, acordar mais cedo, beber mais água ou parar de fumar? A regra dos 21 dias é frequentemente citada em textos e livros dos mais diversos autores e consultores, alguns bem conhecidos e respeitados. Só tem um detalhe. A regra dos 21 dias é um mito sem o menor embasamento científico.

Alguns pesquisadores e especialistas acreditam que o mito dos 21 dias tenha começado a se formar a partir de 1960, com o lançamento do livro *Psycho-Cybernetics: A New Way to Get More Living out of Life* (traduzido e editado no Brasil pela Summus Editorial como Liberte Sua Personalidade: Uma Nova Maneira de Dar Mais Vida à Sua Vida), do cirurgião plástico americano, Maxwell Maltz (1889–1975).

Na obra, um best-seller com mais de 30 milhões de cópias vendidas, o cirurgião comenta que havia observado empiricamente que seus pacientes levavam no mínimo 21 dias para se acostumarem com sua nova aparência, após uma cirurgia plástica ou mesmo uma amputação.

É bem provável que a observação casual do Dr. Maltz foi passando de pessoa para pessoa e, gradativamente, transformando seu significado de *no mínimo 21 dias,* para *exatamente 21 dias,* do mesmo modo que historiadores afirmam que a expressão *quem não tem cão, caça com o gato,* era original-mente *quem não tem cão, caça como gato,* ou seja, caça sorrateiramente.

Basta pensar um pouco para chegar à conclusão de que a ideia de cons-truir um novo hábito, seja ele qual for, em *exatamente 21 dias* (como tam-bém de caçar com um gato), é ligeiramente absurda. Ninguém é tão certinho ou previsível assim. Tem mais: qual a relação entre, por exemplo, mudar a dieta ou praticar regularmente uma atividade física, com o tempo que precisamos para se acostumar com um novo nariz, olhos mais puxados ou a ausência de um dedo amputado?

Mais recentemente, em 2009, um estudo com 96 pessoas conduzido ao longo de um período de 12 semanas pela pesquisadora de psicologia da saú-de do University College, de Londres, Phillippa Lally e sua equipe, revelou que, em média, demoramos até 66 dias para adquirir um novo hábito.

Somos capazes, portanto, de construir novos hábitos em 18 dias em al-guns casos, e em não menos do que 9 meses em outros. Bem mais razoável[6].

---

6 Fonte: https://www.ncbi.nlm.nih.gov/pmc/articles/PMC3505409/. Acesso em 19/09/2018

5º PASSO | MONITORE SUA EVOLUÇÃO

Na execução de um projeto, saber onde você está exatamente e quando ainda falta para alcançar a sua meta é outro ponto de grande importância. Uma agenda ou uma simples planilha no Excel, com alguns pontos de controle são bem eficazes, embora existam diversas alternativas muito mais motivadoras e divertidas. Vejamos alguns exemplos:

1. APLICATIVOS

No segundo passo desta sequência registre suas metas por escrito. Sugeri aplicativos para celular como uma alternativa dinâmica e eficaz para as tradicionais agendas de papel. Eu, por exemplo, uso o STRAVA[7], que é integrado com o GPS do smartphone para definir minhas metas e monitorar meu desempenho nas minhas caminhadas, pedaladas e trilhas de *mountain bike*. O STRAVA, bem como outros tantos aplicativos semelhantes, permite partilhar suas metas e performance nas redes sociais como o Facebook, o WhatsApp e o Twitter. É um recurso bem interessante e motivador.

2. STICKK.COM

No site *stickk.com* você pode registrar a sua meta como também escolher uma punição, para o caso de você falhar na exceção do projeto. Normalmente, as punições escolhidas são doações para causas que você não simpatiza como, por exemplo, um Palmeirense que aceita doar uma determinada quantia para a escola de samba Gaviões da Fiel, do arquirrival Corinthians, caso ele descuide do regime ou não consiga ser aprovado num concurso público. Se não for por amor, que seja pela dor. O site *mylifelist.org* e o aplicativo de saúde em grupo Make Me[8] trazem uma proposta semelhante, porém, sem as penalizações para os projetos não cumpridos.

3. MÉTODO SEINFELD DE PRODUTIVIDADE

Muito menos implacável, mas simpático e eficaz, o método Seinfeld de produtividade, supostamente criado pelo humorista americano Jerry Seinfeld, consiste em marcar um X em um calendário de papel todos os dias que você

---

7 Disponível em https://www.strava.com/

8 Disponível em http://www.make.me/

avançar na execução do seu projeto. Observe, na ilustração a seguir, que a sequência de dias assinalados com um X forma uma imagem que lembra uma corrente. A proposta é nunca quebrar a corrente. Quanto maior for a corrente, maior o seu compromisso com a execução do projeto, e menor a distância até a sua meta. Se você gosta de aplicativos instale em seu smartphone IOS o app Don´t break the chain! (Não quebre a corrente! em tradução livre). Para aparelhos com Android as opções são o Loop ou o Chains.

Ilustração 6 – Método Seinfeld de Produtividade

6º PASSO | TRANSFORME ALGUMAS FRAÇÕES DOS SEUS PROJETOS EM METAS INTERMEDIÁRIAS

Um dos fatores que mais contribui para o fracasso de muitos projetos é a distância da recompensa. Imagine, por exemplo, que você tenha recém adquirido um apartamento na planta, cuja entrega está prevista para daqui a três anos. As frações do projeto e a meta já estão automaticamente definidas. A entrada e os pagamentos das parcelas até a conclusão da obra são as frações do projeto, os pedaços do elefante.

Por sua vez, receber as chaves do apartamento concluído é a meta. Historicamente, boa parte dos cancelamentos de contratos entre compradores e construtoras que, em condições normais de mercado oscila em torno 10%, se deve a imprevistos ou planejamento inadequado. Alguns compradores, porém, desistem apenas porque se dão conta de que a conclusão da obra está muito distante. Quanto mais distante está a recompensa, maior é o desafio de manter o entusiasmo e o compromisso com o projeto.

Para evitar essa situação, uma boa dica é transformar algumas frações do projeto, ou até mesmo todas elas, em metas intermediarias e festejar o seu cumprimento para manter o ritmo e a motivação. Desta forma, um casal que comprou um apartamento no lançamento pode, por exemplo, comemorar o pagamento das três primeiras parcelas com um jantar romântico e uma pequena viagem de final de semana quando completar seis parcelas.

Tomando o cuidado, evidente, de não gastar além da conta e comprometer o pagamento da próxima parcela! Eu mesmo criei e desfrutei as recompensas de algumas metas intermediárias e me presenteei com acessórios novos para a minha bike, garrafas de vinhos, livros ou *graphic novels*, enquanto escrevia este livro. A cada meta intermediária alcançada, maior a percepção de que a meta final já não está tão distante assim.

7º PASSO | DÊ O PRIMEIRO PASSO

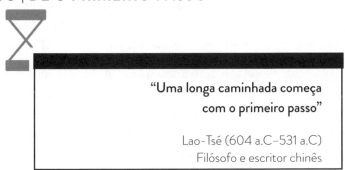

"Uma longa caminhada começa com o primeiro passo"

Lao-Tsé (604 a.C–531 a.C)
Filósofo e escritor chinês

Você deve estar estranhando o fato da dica *dê o primeiro passo* estar no final desta sequência. Fiz isso propositalmente. Quero enfatizar que nenhum dos passos ou dicas anteriores vai produzir algum resultado se você não sair da zona de conforto e, efetivamente, tocar seus projetos em frente. Ficar observando elefantes de longe pode ser mais seguro e prudente num safari na Zâmbia. Na vida real é preciso encarar nossos projetos-elefante com coragem e iniciativa.

Este é um grande problema para os proteladores crônicos. Espero que esse não seja o seu caso. Existe uma legião de proteladores de carteirinha, que passam a vida adiando seus projetos para o ano que vem, e o início da dieta para a próxima segunda-feira. O que, como já vimos, é uma receita inevitável para o fracasso. Acho curioso e não sei por qual motivo elegemos a segunda-feira ou o dia primeiro de janeiro como os dias mundiais para começar um regime ou qualquer outro projeto.

É covardia. Você já notou, por exemplo, que a semana tem apenas um dia para começar uma dieta (a segunda-feira) e outros seis para desistir? Ou pior, existe apenas um dia primeiro de janeiro contra outros 364 dias. Isto é, apenas um dia para começar um novo projeto e 363 para desistir! Assim, não há dieta ou grande projeto que resista. Segundo o aplicativo Strava, muito provavelmente baseado em seu banco de dados de assinantes, o dia 19 de janeiro é a data limite para que grande parte dos novos usuários de começo de ano abandonem o aplicativo e, por consequência, as caminhadas, corridas ou pedaladas.

O mesmo fenômeno é facilmente observável nas academias, trilhas de caminhada, ciclovias e parques que ficam lotados no início de ano com novos atletas de todas as tribos, mas que logo depois do carnaval (ou bem antes disso) veem seu movimento despencar para menos da metade.

Aprendi com um aluno agrônomo que as macieiras levam, em média, quatro anos para dar frutos. Logo, se você plantar uma macieira hoje, daqui a quatro anos você poderá estar colhendo sua primeira maçã. Entretanto, se você protelar o plantio de sua macieira, digamos, por sete anos, você vai ter que esperar onze anos para morder a sua primeira maçã. Ou pior, se você nunca plantar a macieira, você nunca terá maçãs.

Enfim, você quer perder peso, ter uma vida mais saudável ou colher maçãs no seu quintal? Então, não espere a próxima segunda-feira, seu aniversário ou o próximo primeiro de janeiro. Troque o Big Mac e o Sundae por uma saladinha e um filé de frango grelhado, e plante uma macieira hoje. Você quer mais resultados na sua vida? Pare de protelar e comece agora mesmo aquele seu grande projeto.

ROTINAS

"E se um dia ou uma noite um demônio se esgueirasse em tua mais solitária solidão e te dissesse: 'Esta vida, assim como tu vives agora e como a viveste, terás de vivê-la ainda uma vez e ainda inúmeras vezes: e não haverá nela nada de novo, cada dor e cada prazer e cada pensamento e suspiro e tudo o que há de indivisivelmente pequeno e de grande em tua vida há de te retornar, e tudo na mesma ordem e sequência.'"

Trecho de *A Gaia Ciência*, que introduz o conceito do Eterno Retorno, de Friedrich Wilhelm Nietzsche (1844–1900) Filósofo alemão

As rotinas são complicadas. Não é possível viver sem elas, contudo, já comentei que normalmente as rotinas se resumem em atividades previsíveis, repetitivas e maçantes que, muitas vezes, não gostamos de fazer. Até conheço pessoas de gostam de lavar a louça, levar o cachorro para tosar e guardar as meias na gaveta, mas quem, por exemplo, organiza um churrasco para celebrar a renovação do seguro do carro (exceto, talvez, o seu corretor de seguros) ou o pagamento do IPTU?

Quem fica contando os dias ansioso para fazer um exame de sangue, ir ao dentista ou limpar as lâminas da persiana da sala? Por outro lado, você há de concordar comigo, é mil vezes melhor atender às rotinas como se deve do que deixar para lá e sofrer as consequências depois. Faça uma ou duas experiências. Deixe de pagar a fatura do condomínio por uns três meses ou pare de cortar as unhas dos pés, e observe você mesmo os resultados. As rotinas geram segurança e conforto.

Cuidar bem das rotinas rende uma agradável sensação de ordem e de controle que, comprovadamente, reduz os níveis de estresse e ansiedade. Isso é bom. Por outro lado, as rotinas escondem uma inusitada ameaça. A sensação de segurança e controle decorrente da boa gestão das rotinas pode produzir uma perigosa acomodação. Um sentimento equivocado de que a vida *está pronta e resolvida*, e que daqui para frente é só manter as contas em dia, a casa arrumada, as unhas aparradas e os pneus da bicicleta calibrados, que tudo vai dar certo.

É um contrassenso. Rotinas são boas e necessárias, porém viver apenas para atender as rotinas pode ser um pesadelo. A longo prazo, nada resiste a uma vida monopolizada pelas rotinas. Um emprego, por exemplo, sem desafios e projetos, sem perspectivas de crescimento e evolução, onde só existam sempre as mesmas rotinas, acabará fatalmente por se tornar um trabalho cansativo e enfadonho. Um castigo.

Há quem faça até piada com este cenário. Você já ouviu falar da Síndrome do Fantástico? Contam que é a sensação de angústia e desencanto que experimentamos quanto começa a musiquinha de encerramento do programa Fantástico, da Rede Globo, e nos lembramos que no dia seguinte, na segunda-feira, vai recomeçar mais uma semana de mais do mesmo. Segunda é igual a terça, terça é igual a quarta, quarta é igual a quinta e quinta é igual a sexta.

O fim de semana passa voando e na noite de domingo o jingle do Fantástico nos lembra que vai recomeçar tudo outra vez. Ninguém merece. É o pesadelo do Eterno Retorno de Nietzsche. Espero, de coração, que você não sofra de Síndrome do Fantástico, e que seus dias e semanas sejam sempre preenchidos com novos desafios e experiências enriquecedoras mas, seja como for recomendo, que ao menos a título de diversão (ou de reflexão), você procure assistir (ou rever) o filme *Feitiço do Tempo* (*Groundhog Day*, isto é, o dia da marmota, no original em inglês), com Bill Murray e Andie MacDowell.

Nesta comédia romântica, Phil Connors, um arrogante apresentador da previsão do tempo, vivido por Bill Murray, fica preso num *looping* do tempo e é obrigado a reviver várias e várias vezes o pior dia de sua vida. No clássico de 1993, dirigido por Harold Ramis, os versos de "I Got You Babe", de Sonny & Cher, correspondem ao tema de abertura do Fantástico. Na última vez que consultei, em dezembro de 2019, este título estava disponível no iTunnes e no Google Play Movies. Diversão garantida.

Outro exemplo clássico é o casamento. Quantas vezes você ouviu um comentário assim: "Eles se amavam tanto, mas o casamento acabou por conta da rotina". As rotinas são indispensáveis e todo casamento tem e depende de rotinas, tais como abastecer a despensa, colocar o lixo para fora, lavar a louça e arrumar a cama. Faz parte da dinâmica do matrimônio.

Entretanto, nenhum relacionamento sobrevive a uma vida monopolizada pelas rotinas.

Na ótica do Método Einstein, o que de fato mantém um casamento (além, evidentemente, do afeto, do respeito, do companheirismo e outras coisas assim) não são as rotinas, mas sim os novos desafios e conquistas, isto é, os novos projetos em comum, tais como filhos, viagens, uma casa mais confortável e por aí vai...

Conclusão: as rotinas são boas e necessárias. Fazer uma gestão adequada das rotinas é uma atitude bem sensata e inteligente. Vale a pena dedicar parte do seu tempo para atender suas rotinas. Por outro lado, não espere demais das rotinas. Seu trabalho, seus relacionamentos e a sua vida merecem muito mais do que a monotonia das rotinas.

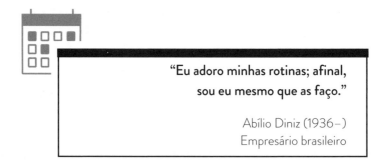

"Eu adoro minhas rotinas; afinal, sou eu mesmo que as faço."

Abílio Diniz (1936–)
Empresário brasileiro

DICAS PARA UMA GESTÃO DE ROTINAS EFICAZ

Agora que você já entendeu o que são as rotinas, qual sua importância e quais cuidados você deve tomar para não deixar que elas transformem sua vida, seu trabalho ou seu casamento num insonso pudim de chuchu, vamos seguir com algumas dicas práticas.

1º DICA | ORGANIZE-SE OU QUANDO VENCE O IPTU?

Crie uma planilha no Excel ou relacione num caderno ou fichário todas as rotinas da sua vida, tanto as pessoais, como as profissionais. Das contas a pagar aos cuidados com a saúde, das tarefas domésticas à declaração do imposto de renda, da emissão de notas fiscais à conferência de despesas de viagens. Não tenha pressa. A lista costuma ser tão grande que surpreende. Você pode levar uns três dias para lembrar de todas as rotinas. Normalmente, é mais fácil lembrar das rotinas mais frequentes, das rotinas diárias e das mensais.

Bem ou mal, você já deve ter algum controle sobre estas rotinas. Com um pouco mais de tempo e atenção, você vai acabar se lembrando também das rotinas mais espaçadas como, por exemplo, fazer um *check-up*, podar sua renda portuguesa, limpar o filtro do ar-condicionado e renovar a CNH (Carteira Nacional de Habilitação) ou o passaporte.

Em seguida, transfira todas as rotinas para o Outlook, o Google Agenda ou qualquer outro aplicativo semelhante. Lembre-se também de programar o período de recorrência da atividade. Algumas rotinas são diárias, semanais ou mensais; outras são tão espaçadas quanto um eclipse total da Lua. Convém também ativar o aviso de lembrete para todas as rotinas que achar necessário. Principalmente para aquelas que você costuma esquecer ou gosta de esquecer. Sim, atender algumas rotinas pode ser tão maçante que, mesmo inconscientemente, fazemos um esforço danado para esquecê-las. Muitas vezes, infelizmente, dá certo. Outra boa sugestão é distinguir as rotinas pessoais das rotinas profissionais, atribuindo, digamos, cores diferentes para cada grupo de rotinas. Pastas sanfonadas com várias divisórias ou um arquivo portátil com pastas suspensas são muito práticos e ajudam bastante na organização de rotinas que geram alguma papelada, como declarar o imposto de renda ou controlar comprovantes de despesas e exames de saúde.

O consultor e escritor americano David Allen, criador do GTD (sigla para *getting things done*, em tradução livre, *fazendo as coisas*), um consagrado método de organização pessoal e autor do livro *A Arte de Fazer Acontecer*, desenvolveu uma técnica de organização de papelada, lembretes, contas e coisas assim, em pastas (físicas ou virtuais), bem prático e funcional, que ele chama de *Tickler*.

São 43 pastas, sendo 12 para os meses e 31 para os dias do mês. A ideia é bem simples. O consultor sugere que contas que vençam no dia 8 sejam arquivadas na pasta *dia 8*, e os comprovantes do imposto de renda na pasta do mês de março, contrariando o senso comum que recomenda pastas separadas para contas de energia ou contas de telefone. É uma proposta interessante.

PARA PENSAR | BAGUNÇAS ORGANIZADAS

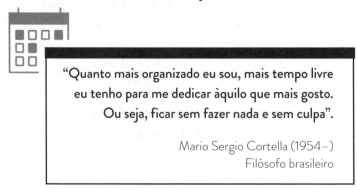

"Quanto mais organizado eu sou, mais tempo livre eu tenho para me dedicar àquilo que mais gosto. Ou seja, ficar sem fazer nada e sem culpa".

Mario Sergio Cortella (1954 –)
Filósofo brasileiro

Seja como for, é realmente importante que seu método de organização funcione para você e seja acessível também para outras pessoas. Vamos fazer um teste. Você é capaz de me dizer exatamente onde está a sua certidão de nascimento ou as últimas três faturas do seu cartão de crédito? O que aconteceria se você precisasse que eu fosse até a sua casa para encontrar esses documentos? Você seria capaz de me dizer exatamente onde eles estão? Algumas pessoas são defensoras radicais do conceito de *bagunça organizada*.

Quantas vezes você mesmo já não ouviu (ou disse) algo assim "eu sei que minha mesa parece bagunçada, mas eu sei exatamente onde está cada documento e pedacinho de papel". Pois esse é exatamente o problema da *bagunça organizada*. Apenas o dono da bagunça sabe (se é que sabe mesmo) onde está a tal certidão de nascimento e as faturas do cartão de crédito. Alguns autores e especialistas afirmam que, quanto maior a bagunça física, maior também é o sentimento de confusão mental. Tem lógica. Além disso estudos comprovam que até os mais organizados desperdiçam, em média, 12 dias por ano procurando por chaves, documentos, cortadores de unha e pinças de sobrancelhas que não lembram onde guardaram. Mesmo os mais organizados, vez ou outra, largam as chaves ou a carteira em outro canto e, consequentemente, perdem algum tempo procurando as chaves que deveriam estar dentro do potinho de porcelana em cima da mesinha ao lado da porta da sala, mas não está.

Imagine agora, quanto tempo é desperdiçado por aqueles que jogam as chaves em qualquer lugar e mantêm focos de *bagunça organizada* por toda a casa e no trabalho. *Bagunças organizadas* definitivamente não são uma boa estratégia. Se os organizados perdem 12 dias por ano procurando as chaves, estimo que os desorganizados percam, no mínimo, 12 semanas.

Certa vez, um aluno desorganizado admitiu, com um pouco de exagero e ironia, desperdiçar 11 meses por ano com a bagunça! Espero que este não seja seu caso. Se for, anote três boas sugestões e saia dessa: Os livros *Vida Organizada e Casa Organizada*, de Thais Godinho, e *A Mágica da Arrumação*, de Marie Kondo

Finalmente, procure adquirir o hábito de sempre incluir novas rotinas, bem como o de excluir rotinas obsoletas do seu controle. Não deixe escapar nada. Controlar as rotinas pela metade mais atrapalha do que ajuda.

2º DICA | CHECKLIST OU NÃO ESQUEÇA O CARVÃO!

Algumas rotinas simples, como pagar um boleto, cortar o cabelo, regar as plantas, colocar água nas forminhas de gelo e dobrar camisetas, são executadas em um ou dois movimentos e, portanto, não exigem muita técnica para que sejam concluídas. Por outro lado, rotinas um pouco mais elaboradas, como arrumar uma mala, fazer as compras no supermercado ou organizar uma reunião podem ser mais facilmente executadas com o auxílio de uma lista de verificações, também conhecida como *checklist*.

Entretanto, há quem prefira confiar no hábito ou na memória e abrir mão do *checklist*. Melhor não arriscar. A memória não é infalível e costuma derrapar por diversos motivos, seja uma simples distração, a afobação, o cansaço, o estresse ou até mesmo o excesso de confiança. Quantas vezes você viajou e esqueceu o passaporte ou o carregador do celular em casa, ou ainda organizou um churrasco com os amigos e não comprou o carvão e a cerveja?

Ao longo das 224 páginas de *Checklist – Como fazer as coisas bem-feitas*, o jornalista e cirurgião americano, Atul Gawande, mostra como um simples e prático *checklist* não só é capaz de livrar-nos de muitos problemas e aborrecimentos, como também gerar resultados extraordinários. O autor relata, entre vários outros casos, a experiência do hospital Johns Hopkins, nos Estados Unidos, onde a adoção de um despretensioso *checklist* para procedimentos cirúrgicos com apenas cinco itens conseguiu, ao longo de 15 meses, gerar uma economia de U$ 2 milhões, evitar 43 infecções e 8 mortes, em comparação com a média histórica do hospital.

CHECKLIST PARA PROCEDIMENTOS CIRÚRGICOS

- Lavar as mãos com sabonete
- Limpar a pele do paciente com antisséptico
- Colocar panos cirúrgicos esterilizados sobre todo o corpo do paciente
- Usar mascar, touca, avental e luvas
- Recobrir com bandagem esterilizadas área de inserção, após a instalação do cateter venoso central.

Hospital Johns Hopkins, 2001. Fonte: GAWANDE, Atul. *Checklist – Como fazer as coisas bem-feitas.* Rio de Janeiro: Sextante, 2011

Quadro 8 – Fonte: Atul Gawande. *Checklist – Como fazer as coisas bem-feitas*

Frequentemente, utilizados como ferramenta de segurança no trabalho e inspeções de segurança, os *checklists* podem ajudar a todo mundo e o tempo todo, das listas de supermercado a organização de um aniversário, um chá de bebê, um churrasco, uma convenção ou uma reunião de negócios. Você, com certeza, não encontrará dificuldades para elaborar e aperfeiçoar os seus próprios *checklists*. Eu mesmo não dispenso meu *checklist* para viagens. Mantenho uma cópia impressa nos bolsos internos das malas que uso com mais frequência, e cópias em PDF na minha conta do Evernote e no meu notebook.

Também carrego outro *checklist* muito útil na mochila, que me acompanha em meus cursos e palestras. Graças a ele, nunca esqueço de levar marcadores para quadro branco, o passador de slides, pilhas sobressalentes e a fonte do meu notebook (tenho duas!), entre outras tralhas e utilidades. Na internet também é muito fácil encontrar modelos de *checklists* prontos para todos os gostos e necessidades. No site www.altabooks.com.br, você pode fazer o download de cinco *checklists*. Eles vão ajudá-lo a organizar um churrasco (e não esquecer o carvão!), uma feijoada com os amigos, uma reunião, um treinamento e uma viagem.

3º DICA | SIMPLIFIQUE, AGRUPE OU DELEGUE

Coloque as suas contas em débito automático, contrate mais serviços especializados (como uma lavanderia, um marido de aluguel, um jardineiro ou uma diarista) e faça mais compras pela internet. Não perca nenhuma oportunidade para simplificar ou delegar algumas rotinas. Não vale a pena perder mais tempo do que o necessário com rotinas.

Outra boa sugestão é criar grupos de rotinas semelhantes e dar conta de todo um grupo numa só tacada. Por exemplo, aproveite as liquidações que costumam acontecer logo depois do Natal, ou nas *Black Fridays*, e compre todos os presentes de aniversário do ano. Faça um estoque de presentes. É muito prático. Mais uma dica: reserve uma ou duas semanas do ano para agendar consultas com o médico e o dentista. Em seguida, faça a mesma coisa quando marcar exames, é muito mais inteligente e costuma render uma boa economia de tempo.

CRISES E
IMPREVISTOS

"A maioria das pessoas administra suas vidas por meio de crises".

Stephen Covey (1932-2012)
Escritor e consultor
americano

Com o final da Segunda Guerra Mundial, a relação entre Estados Unidos e Japão foi pautada por uma frutífera dinâmica de cooperação e troca das mais variadas estratégias de gestão. Estudiosos americanos como W. Edwards Deming e Joseph M. Juran, entre outros, levaram para o Japão os princípios da Gestão pela Qualidade Total e ferramentas como o Ciclo PDCA e o Just in Time. A filosofia do *Kaizen*, por sua vez, foi uma das mais destacadas contribuições do Japão para o ocidente.

O *Kaizen* representa a essência da melhoria contínua em passos pequenos, porém, constantes, e pode ser resumido pelo mantra *"Hoje melhor do que ontem, amanhã melhor do que hoje!"*.

Para Masaaki Imai, professor, consultor, fundador do *Kaizen Institute* e autor dos livros *Kaizen – The secret to Japans competitive success* e *Gemba Kaizen – A Commonsense, Low-Cost Approach to Management* (traduzidos no Brasil como *Kaizen – A Estratégia para o Sucesso Competitivo e Gemba Kaizen – Uma Abordagem de Bom Senso à Estratégia de Melhoria Contínua*, respectivamente) o nosso modo de vida, seja no trabalho ou na vida privada, sempre pode e merece ser constantemente melhorado.

Como já vimos, é impossível eliminar as crises de vez. Imprevistos e situações incontroláveis podem acontecer a qualquer momento e, salvo engano, ninguém inventou ainda uma bola de cristal que seja realmente confiável. Vazamentos de água na cozinha, uma entrega extraviada, filhos levando tombos no recreio ou situações ainda piores são mesmo imprevisíveis e incontroláveis.

Em outubro de 2017, a professora Helley Abreu Batista perdeu sua vida depois de resgatar pelo menos 25 crianças das chamas de um incêndio criminoso que colocou abaixo a creche Gente Inocente, na cidade de Janaúba, em Minas Gerais. Entretanto, além da heroica professora, outras 13 pessoas, entre adultos e crianças, morreram na tragédia. Esse é o problema das crises. Toda crise, da mais inofensiva a mais trágica, sempre gera uma perda. Pessoalmente nem gosto de dizer que *resolvemos* crises. No meu entender, na melhor das hipóteses, nós apenas *cessamos* uma crise.

Assim que uma crise se instala, começamos a perder. Perdemos tempo, dinheiro, recursos e até mesmo vidas. Quando cessamos uma crise, somente paramos de perder. Tudo o que se foi durante uma crise está irremediavelmente perdido. A creche Gente Inocente pode até ser reerguida, mas nada vai trazer de volta a professora Helley e as outras pessoas mortas nessa tragédia.

Após a tragédia de Janaúba, o Tribunal de Contas do Estado de Minas Gerais conduziu um intenso esforço de fiscalização da infraestrutura de segurança de escolas estaduais e municipais. Uma mega operação de vistoria em 565 escolas em 159 municípios constatou que 75% delas possuíam sequer um extintor. O Tribunal determinou, então, que prefeitos e secretários de educação dos municípios vistoriados e em situação irregular, apresentassem um plano de ação imediato com medidas para sanar estes problemas e evitar novas tragédias.

Um movimento semelhante aconteceu no município carioca de Nova Iguaçu, a 28 km da capital fluminense. Um simulado de evacuação foi a primeira iniciativa do projeto Escola Segura, também deflagrado em 2017. Foram necessários apenas 5 minutos e 40 segundos para que mais de 1.700 alunos, devidamente orientados por seus professores, abandonassem a escola municipal Monteiro Lobato, a maior do município. O Projeto Escola Segura visa a adoção de medidas preventivas contra incêndios e desastres, que vão desde palestras de conscientização até a instalação de sistemas de segurança nas 21 escolas municipais de Nova Iguaçu.

Os mais otimistas costumam dizer que, após uma crise, *ganhamos experiência*. No que diz respeito às crises, costumo ser mais crítico e pragmático. Não nego que toda crise gera um aprendizado, na verdade, toda experiência boa ou má conduz a um aprendizado. Estamos, de certo modo, aprendendo o tempo todo. Mas não penso que tentar enxergar o lado bom de uma crise seja uma boa política. Prefiro investir o meu tempo em projetos e rotinas, como a ação do Tribunal de Contas do Estado de Minas Gerais e o Projeto Escola Segura do Rio de Janeiro, que produzam resultados e evitem perdas, do que passar a vida *ganhando experiência* com crises e tragédias.

Não temos como evitar todas as crises, como a tragédia em Janaúba. Por outro lado, com projetos eficazes e medidas preventivas adequadas (rotinas), somos capazes de reduzir drasticamente a incidência de crises e imprevistos de toda espécie.

No ambiente corporativo, é muito comum usar equivocadamente a expressão *trabalho de bombeiro* para ilustrar aqueles dias que são consumidos por crises e emergências. Como vimos nos exemplos anteriores, os bombeiros não vivem só de apagar incêndios. Eles também são grandes adeptos dos pequenos passos da filosofia *Kaizen*. Apagar incêndios ou resgatar pessoas de um acidente não são as únicas atribuições de um bombeiro. Sequer são as mais importantes. Cabe a eles também fiscalizar e promover palestras de prevenção de acidentes em escolas, repartições públicas, empresas e igrejas, bem como cuidar para que seus equipamentos de combate a incêndio e segurança estejam sempre em condições de uso. Ou seja, foco em Projetos e Rotinas.

Um bombeiro enfrenta crises e imprevistos na medida que eles surgem, mas também promove ações preventivas para evitar que eles aconteçam. Quando acontece um incidente qualquer e um bombeiro salva uma vida, a notícia costuma estampar as primeiras páginas dos jornais e gerar uma grande comoção e audiência nos noticiários e redes sociais; mas, pense um pouco.

A grande verdade é que os bombeiros salvam muito mais vidas com medidas preventivas, isto é, com projetos e rotinas que raramente ganham espaço na mídia, exceto, talvez, na mídia especializada. Eu mesmo só soube da iniciativa do Tribunal de Contas do Estado, de Minas Gerais, e do Projeto Escola Segura, do Rio de Janeiro, através de uma edição da revista

Incêndio que, ocasionalmente, li na recepção de um cliente que visitei em Atibaia. Imagine quantos vidas são poupadas e quantos incêndios, desmoronamentos e explosões são evitados com bons projetos, inspeções e medidas preventivas.

Bombeiros apagam incêndios e salvam vidas. Bombeiros realmente eficazes e estratégicos evitam incêndios (e tudo o mais), poupam recursos e salvam muito mais vidas!

É por conta de exemplos como o dos bombeiros que gosto de representar o Método Einstein com um gráfico de pizza. Observe na ilustração a seguir que, na medida em que conseguimos, pouco a pouco, aumentar nossas parcelas de tempo dedicadas a projetos e rotinas (*o que temos para amanhã?* e, *o que temos para hoje?*) é natural esperar que a parcela de tempo consumida com crises e imprevistos (*o que temos para ontem?*) seja, consequentemente, menor.

Ilustração 7 – Tempo dedicado às demandas do passado é cada vez menor, quanto maior é o tempo dedicado às demandas do futuro e do presente.

Não há muito o que fazer quando somos surpreendidos por um infortúnio qualquer. Muitas vezes, a única alternativa é acionar o botão de emergência e buscar uma solução o mais rápido possível (*para ontem!*); e antes que o problema se torne uma encrenca ainda maior. Mas sempre teremos a oportunidade de, passo a passo, investir um pouco mais em projetos e rotinas.

Este comentário vale tanto para bombeiros, quanto para todos nós. Um bom profissional resolve problemas e imprevistos, um profissional realmente competente e eficaz investe o seu tempo em resultados e evita que crises aconteçam.

PARTE III

Nos capítulos anteriores, apresentei a Método Einstein e exploramos os conceitos de projeto, rotina e crise. Vimos também uma série de ferramentas e dicas pontuais, tais como a técnica do elefante, o método SMART e o checklist. Nesta parte do livro, veremos como incorporar a Método Einstein em seu dia a dia com a ajuda de uma ferramenta muito simples e funcional: a lista de tarefas.

Mas, antes, para evitar confusão, vamos comparar a lista de tarefas com outras ferramentas ligeiramente parecidas. Há quem faça uma grande bagunça entre lista de tarefas, lista mestra, listas de verificação e agenda. É melhor não misturar uma coisa com a outra.

A LISTA DE
TAREFAS

"Falta de tempo é desculpa daqueles que perdem tempo por falta de métodos!".

Albert Einstein (1879–1955)
Físico alemão, Nobel em Física

1. LISTAS DE VERIFICAÇÃO

As listas de verificação, ou *checklists*, são listas de uso recorrente, como a lista de compras do supermercado ou a lista de itens e providências para organizar, por exemplo, um churrasco, uma viagem, um treinamento ou uma reunião. Já falei sobre elas e sua contribuição na organização e administração do tempo algumas páginas atrás.

2. LISTA MESTRA

Por sua vez, a lista mestra geral, ou lista de pendências, é a relação completa ou bem abrangente de suas pendências e projetos. Daquelas que você pretende dar conta o mais breve possível, até as que, eventualmente, vão esperar mais algumas semanas, meses ou anos até serem atendidas. A lista mestra é, por assim dizer, um grande inventário sem fim. Geralmente, lançamos mão intuitivamente da lista mestra quando o volume de projetos pendentes, problemas por resolver e coisas por fazer é tão grande, que fugiu do controle, e o marcador de nível de estresse está oscilando entre alerta vermelho e o dia do juízo final.

A proposta é simples e aparentemente boa. Basta esvaziar a cabeça e relacionar em duas ou três páginas de caderno ou aplicativo, como o Evernote, tudo o que há por fazer e, em seguida, arregaçar as mangas e ir excluindo os itens realizados da lista. Nada de novo. Entretanto, o uso da lista mestra exige muita atenção e disciplina. Sem a cautela necessária, a lista mestra pode gerar uma falsa sensação de produtividade, bem como servir de boa desculpa para o adiamento de grandes projetos e tarefas complexas e desagradáveis.

Imagine, por exemplo, que você construiu uma lista mestra imensa, com itens que vão desde limpar a geladeira e renovar o seguro da casa, até comprar uma geladeira nova e arrumar a garagem. Os problemas com a lista mestra começam aqui. É natural, e até mesmo razoável, supor que no meio de tantas coisas por fazer a escolha recaia, a princípio, sobre as tarefas mais rápidas e fáceis de serem concluídas. A sensação de alívio é fantástica. Você começou o dia com uma relação assustadora de pendências e depois de ter limpado a geladeira, renovado o seguro e eliminado outros itens menores, a lista foi reduzida para quase a metade.

Ver tantos itens riscados faz você se sentir um ninja da produtividade. Quem sabe até você faça um post enaltecendo os méritos da lista mestra no Instagram ou no Twitter, com as *hashtags #listamestra* ou *#listadependencias*. Mas, e a geladeira nova e a arrumação da garagem? É bem provável que estes itens fiquem para amanhã. Entretanto, quando o amanhã chegar, é bem provável também que antes de começar a eliminar os itens restantes e mais trabalhosos da lista, como a geladeira nova ou a arrumação na garagem, você comece o dia acrescentando novos itens, afinal, na passagem de um dia para outro sempre aparecem coisas novas por fazer.

Mais uma vez, como é de se esperar, os itens menores e mais simples serão eliminados primeiro. O dia vai acabar de novo, enquanto a geladeira nova e a arrumação na garagem continuam esperando seu tempo e sua atenção. E assim, vamos seguindo num carrossel de adiamentos sem fim.

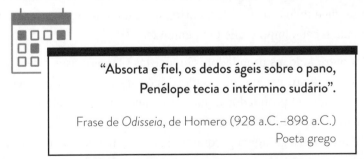

"Absorta e fiel, os dedos ágeis sobre o pano, Penélope tecia o intérmino sudário".

Frase de *Odisseia*, de Homero (928 a.C.–898 a.C.)
Poeta grego

Na obra épica, *Odisseia*, Homero conta sobre Penélope, a linda e fiel esposa do guerreiro Ulisses, dado como morto após anos de lutas na Guerra de Troia. Cortejada por vários pretendentes, a jovem prometeu casar-se novamente assim que terminasse de tecer uma mortalha para seu sogro.

Todavia, a ardilosa Penélope tecia durante dia e, secretamente, desmanchava todo o trabalho à noite. Com esse cambalacho singelo, ela conseguiu enrolar seu pai e admiradores até o retorno do Valente Ulisses, 10 anos depois. Icário, o pai de Penélope, e a toda a corte de Esparta, ao que tudo indica, não eram muito espertos. A Lista Mestra é um tear de Penélope. Assim sejamos:

1. A lista mestra não acaba nunca e não te leva a lugar nenhum;

2. Mantém você ocupado com pequenas rotinas e bobagens sem importância;

3. Engana todos a sua volta (que acabam se convencendo de que você é mesmo muito ocupado).

Como se vê, a lista mestra está mais para uma excelente desculpa para a protelação do que para uma boa ferramenta de administração do tempo. Sempre digo que existem pelo menos dois tipos de proteladores. Os sinceros e os hipócritas. O protelador sincero é aquele que deixou de fazer isso ou aquilo enquanto não fazia nada. São inofensivos. Eu diria até que são os mais honestos e autênticos. O protelador sincero não fez porque não quis.

Aquele seu primo que passa os dias largado no sofá, assistindo *stories* no Instagram e as noites jogando videogame ou maratonando séries na Netflix ou na Amazon, é um bom exemplo de protelador sincero. Mais tarde, ele pode até se arrepender (ou não) de ter protelado a faculdade, os cuidados com a saúde e todo o resto. Mas, enfim, cada um é livre para fazer com sua vida e com o seu tempo o que bem entender.

Por outro lado, os proteladores hipócritas são perigosos e dissimulados. Não é fácil identificar um protelador hipócrita pois, aparentemente, ele é muito ocupado. O protelador hipócrita é aquele que diz que não marcou o casamento porque tinha que terminar de tecer a mortalha, ou aquele outro que não arrumou a garagem porque tinha uma lista colossal de outras coisas por fazer. Penélope, a espartana engenhosa, entrou para a história como uma das maiores proteladoras hipócritas de todos os tempos. Hoje, a ela ganharia uma menção no *Guinness World Records*. Dez anos protelando a mesma mortalha não é para os fracos.

Nem acho que seja coincidência que o termo procrastinação, um sinônimo para protelação, remonte do antigo latim, onde *pro* significava à frente e *cras*, amanhã. O *deixar para depois* faz parte da história. Leonardo da Vinci (1452–1519), outro celebre procrastinador, levou três anos, de 1503 a 1506, para concluir a Mona Lisa. Uma obra fabulosa, é bem verdade, mas com modestos 53 cm de largura e 77 cm de altura. Alguns estudiosos, entretanto, acreditam que o polímata italiano trabalhou na pequena tela com a dama do sorriso enigmático até sua morte, em 1519.

A lista mestra é, enfim, uma grande aliada dos proteladores hipócritas. Existe melhor desculpa para não fazer uma coisa do que estar fazendo outra? Estar sempre ocupado com qualquer bobagem sem importância é a estratégia clássica e infalível dos proteladores hipócritas. Em compensação, observe que o discurso dos proteladores hipócritas é quase uma confissão:

> *"Não tive tempo para arrumar a garagem porque antes precisei limpar a geladeira, renovar o seguro da casa, cortar as unhas, ligar para a minha vó, regar os antúrios, limpar a tigela de ração dos gatos, tirar o pó dos candelabros, apontar os lápis, pesquisar preços de passagens para as férias na internet, atualizar o antivírus, guardar as toalhas, organizar meus cartões de visita em ordem alfabética...".*

Como se não bastasse, muitas vezes, tecemos a nossa própria mortalha e nos transformamos em vítimas inconscientes da protelação hipócrita. Mesmo quem não quer protelar acaba caindo na armadinha dos adiamentos, implícita na dinâmica da lista mestra. Apesar de serem recomendadas por muitos autores e especialistas em organização e administração do tempo, as listas mestras, definitivamente, não são uma boa opção. Exceto no caso das listas mestras específicas e no estoque de rotinas e pendências, que veremos um pouco mais à frente.

As listas mestras podem ser gerais ou específicas. As listas mestras gerais, como já vimos, compilam de tudo um pouco, desde pendências domésticas e pessoais, até pendências profissionais e financeiras. Já as listras mestras específicas incluem apenas itens com algum parentesco ou semelhança. Como você já deve ter percebido, não gosto e não incentivo o uso das listas mestras gerais, mesmo que relutantemente admita que, vez ou outra e com muita cautela, pode até ser conveniente fazer um grande balanço das pendências e projetos. Nem que seja apenas para esvaziar a mente e ter certeza de que nada ficou para trás ou perdido num *post-it* que desgrudou e caiu debaixo da geladeira.

Por outro lado, gosto bastante das listas mestras específicas.

Alguns exemplos divertidos e interessantes das listas mestras específicas são as listas temáticas no estilo *25 atividades de verão para fazer com as crianças nas férias*; *15 receitas típicas brasileiras rápidas de preparar* ou *lugares bacanas para frequentar a dois em Brasília*.

CHUTAR O BALDE OU BATER AS BOTAS

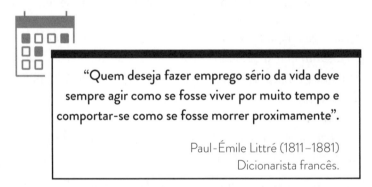

"Quem deseja fazer emprego sério da vida deve sempre agir como se fosse viver por muito tempo e comportar-se como se fosse morrer proximamente".

Paul-Émile Littré (1811–1881)
Dicionarista francês.

Entre as listas mestras temáticas mais populares, vale a pena destacar as *Bucket Lists*. Para americanos, britânicos e demais nativos da língua inglesa, a expressão *kick the bucket* (chutar o balde) remete a imagem do suicida que está de pé em cima de um balde com uma corda no pescoço e, em seguida, chuta o balde para se enforcar, ou seja *kick the bucket* é um eufemismo para a morte. Sendo assim, podemos traduzir *Bucket List* como *lista de coisas para fazer antes de chutar o balde* ou, simplesmente, *lista de coisas para fazer antes de morrer*.

Na língua portuguesa, no entanto, a expressão chutar o balde tem outro significado. Como você sabe, usamos essa expressão no sentido perder o controle e desistir de tudo, ou ainda como uma resposta a um intenso sentimento de raiva ou impotência.

Entretanto, não é por falta de expressões populares de humor funesto e duvidoso que vamos passar sem uma boa tradução tupiniquim para as *Bucket Lists*. Temos várias opções. Você pode escolher entre *lista de coisas para fazer antes de bater as botas; lista de coisas para fazer antes de partir desta para uma melhor; lista de coisas para fazer antes de dar o último suspiro* ou *lista de coisas para fazer antes de ir para o jardim das tabuletas*, entre outras...

As *Bucket Lists* entraram na moda há alguns anos e renderam uma avalanche de campanhas publicitárias, artigos em revistas e sites, livros, filmes e séries de televisão. A *Bucket List*, por exemplo, é a premissa central do açucarado e divertido filme *Antes de Partir*, da *Warner Bros*, com Jack Nicholson e Morgan Freeman.

Na trama de 2007 (atenção para o *spoiler*!), o bilionário Edward Cole (Nicholson) e o mecânico Carter Chambers (Freeman) são dois pacientes terminais que resolvem elaborar uma *Bucket List* muito doida, e juntos fogem do hospital para realizá-la. O nome original do filme é, evidente, *Bucket List*.

E não é só. Na internet, o site https://bucketlist.org/ (conteúdo em inglês) permite que seus usuários partilhem suas *Bucket Lists*, que incluem desafios que vão desde caminhar pelos quase três quilômetros da ponte Golden Gate na Califórnia ou acampar com os amigos numa praia deserta, até caçar fantasmas na Transilvânia e escalar o Monte Kilimanjaro. Vale a pena fazer uma visita.

Assim que puder, assista também no link www.academiadotempo.com.br/bucketlist (ou faça uma busca de vídeo no Google, com as palavras *vodafone bucket list*), um emocionante vídeo publicitário da Vodafone, uma multinacional britânica de telefonia móvel, que explora, com muito bom gosto e uma edição impecável, o espírito inusitado e desafiador da *Bucket List*.

Seja como for, as *Buckets List*s conquistam cada vez mais simpatizantes no mundo todo. Não há como negar que uma *Bucket List* bem elaborada e desafiadora pode fazer com que você se comprometa com seus sonhos e objetivos de vida com muito mais entusiasmo e motivação. Fica a dica. Reveja o Método SMART no Capítulo 4 e faça você também sua *lista de coisas para fazer antes de bater as botas!*

3. AGENDA

Não confunda também lista de tarefas com agenda. Apesar de ser possível incorporar o espírito da lista de tarefas numa agenda, é importante que você perceba com clareza que a lista de tarefas e a agenda, apesar de complementares, são ferramentas bem distintas. A agenda é uma ferramenta de uso indispensável para o registro e controle de compromissos, enquanto a lista de tarefas, como o próprio nome revela, é uma ferramenta de organização de tarefas.

E o que são exatamente compromissos e tarefas? Compromissos são todas as atividades que envolvem a participação de outras pessoas, e que tem data, hora e local previamente definidos, como uma reunião num cliente amanhã às 15 horas; a festa de aniversário do seu sobrinho no próximo domingo, ou uma consulta com o dermatologista daqui a um mês.

COMPROMISSOS	TAREFAS
Compromissos são atividades com data, hora e local previamente definidos	As tarefas são atividades sem data, hora e local definidos
• Reuniões • Consultas • Eventos sociais, como aniversários, casamentos, sessões de cinema e shows	• Ler e responder e-mails • Pagar contas • Fazer compras pela internet • Ler um livro • Estudar para uma prova

Quadro 9 – Compromissos e Tarefas

As tarefas, por sua vez, são atividades sem data, hora e local definidos e que, normalmente, damos conta sozinhos, como responder e-mails, passar na farmácia, ler o jornal, doar sangue ou estudar para uma prova.

QUANTAS AGENDAS VOCÊ USA?

A expressão agenda tem dois significados. Usamos o termo agenda tanto para nomear as tradicionais agendas impressas, as agendas estilo fichário com refil e os aplicativos de agenda como o Outlook ou o Google Agenda. Por sua vez, agenda pode representar, também, o conjunto de tarefas e compromissos que demandam nossa atenção, estejam eles ou não relacionados em uma agenda física ou num aplicativo. Sendo assim, podemos afirmar que nem todo mundo *usa* uma agenda (impressa ou aplicativo), mas todo mundo *tem* uma agenda (um conjunto de tarefas e compromissos).

É aí que mora o perigo. Há quem dispense a agenda ou qualquer outra forma de controle, e mantenha as tarefas e compromissos registrados apenas na memória, ou dispersos em meia dúzia de ferramentas distintas e desconectadas. Imagine uma pessoa que, digamos, mantenha algumas demandas esperando atenção *registradas* apenas na cabeça, outras tantas nos e-mails empilhados na caixa de entrada do Outlook, mais algumas nas mensagens do WhatsApp e do Skype. Além dos bilhetinhos de *post-it* pendurados na borda da tela do notebook ou na porta da geladeira.

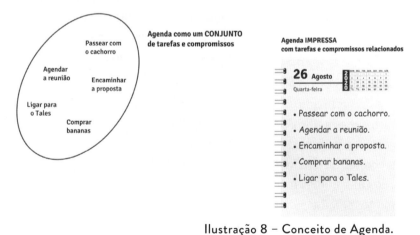

Ilustração 8 – Conceito de Agenda.

Note que esta pessoa não está usando apenas uma agenda, mas várias. Manter demandas por atender registradas na memória transforma o cérebro numa espécie de agenda mental. Manter e-mails esperando por providências na caixa de entrada do Outlook transforma a caixa de entrada em mais uma agenda. Manter bilhetinhos com mais coisas por fazer pendurados na porta da geladeira transforma a geladeira numa inusitada agenda refrigerada.

Ilustração 9 – Exemplos de agendas informais.

Na cozinha, costumamos manter todos os talheres numa mesma gaveta, isto é, a gaveta de talheres. Não faz o menor sentido guardar os garfos na gaveta, as facas na geladeira e as colheres na jarra do liquidificador. Todos os talheres, sejam garfos, facas ou colheres, ficam na mesma gaveta. Nada mais lógico e prático. Manter elementos iguais ou semelhantes num único lugar, desde talheres e temperos, até contas para pagar e documentos pessoais, é um dos princípios mais básicos e universais da organização pessoal.

Por que somos organizados com garfos, facas e colheres, e não seguimos o mesmo princípio com as coisas por fazer? Para pegar um talher, seja ele qual for, basta abrir a gaveta. Quem pulveriza loucamente as suas demandas em várias agendas diferentes tem trabalho dobrado. Antes de fazer isso ou aquilo, esse indivíduo tem que consultar todas as suas agendas, da cabeça aos bilhetinhos na porta da geladeira. Vai por mim. Ser desorganizado dá muito trabalho e desperdiça muito tempo.

A solução para esse imbróglio é muito simples. Basta aplicar uma técnica que chamo de funil (sim, resisti ao impulso travesso de chamar este macete de técnica dos talheres). Assim, vejamos. Basta criar o hábito e a disciplina de registrar todas as tarefas e compromissos numa única ferramenta, de preferência, uma agenda ou lista de tarefas, e parar de usar a mente e a porta da geladeira como agendas alternativas.

Funciona assim: você encontrou um colega de trabalho no corredor e ele te convidou para participar de uma reunião na próxima sexta-feira. Não deixe esse compromisso vagando pela sua mente, entre as lembranças do último final de semana e a desejo súbito de tomar um sorvete de casquinha. Assim que puder, anote na sua agenda. Você recebeu um e-mail do seu chefe solicitando a entrega de um relatório qualquer. Não deixe essa demanda perdida no meio de outros "trocentos" e-mails tolos e spams. Anote na agenda. Sua mãe mandou uma mensagem no WhatsApp pedindo para você passar na quitanda e comprar meia dúzia de bananas. Anote as bananas na agenda.

Ilustração 10 – Técnica do Funil.

Sei que desenvolver novos hábitos não é tão simples, sobretudo, quando já consolidamos outros comportamentos conflitantes, como pulverizar loucamente tarefas e compromissos em várias agendas informais. Entretanto, este desafio nem é tão grande se comparado a parar de fumar, sair do sedentarismo ou mudar a dieta. Mesmo assim, se for preciso, comece devagar, eliminando primeiro os *post-its* da porta da geladeira, em seguida, as mensagens eletrônicas. E assim por diante, até adquirir o hábito de registrar

AGENDA IMPRESSA OU APLICATIVO?

É bem verdade que os aplicativos como Outlook, o Notes ou o Google Agenda são muito mais versáteis e oferecem dezenas de funcionalidades bacanas como programar alarmes para compromissos e tarefas recorrentes, destacar compromissos com cores, bandeirinhas ou diferentes níveis de prioridade além de sincronizar as agendas do notebook, tablet e do smartphone e compartilhar compromissos e tarefas com outras pessoas e grupos de trabalho.

Por outro lado, psicólogos e neurocientistas afirmam que escrever e fazer anotações, à mão, em uma agenda de papel, bem como usar outros recursos lúdicos como desenhos, adesivos coloridos e marca textos, estimula a memória, a atenção e o planejamento. O que, convenhamos, são efeitos colaterais bem apropriados para uma agenda. De todo modo, penso que toda agenda é boa desde que seja usada corretamente, atenda suas necessidades e esteja alinhada com sua personalidade e estilo.

Conheci, por exemplo, um engenheiro de uma empresa de Geotecnia, em São José dos Campos, que prefere usar uma agenda de papel a expor um tablet ou smartphone ao ambiente inóspito e empoeirado de um pátio de obras. Muito justo e sensato. Algumas pessoas adoram os aplicativos de agenda e outras, por sua vez, não vivem sem aquela agenda de papel tradicional, com capa dura e alguns mapas, fases da lua e telefones úteis nas primeiras páginas. Não se sinta obrigado a usar o Outlook ou o Google Agenda porque, aparentemente, todos usam.

Uma agenda impressa é tão boa quanto um bom aplicativo. Adote e use aquela que preferir. O que realmente importa é que a agenda funcione para você. Se você faz o estilo vintage, isto é, aponta lápis com estilete, marca páginas com clipes ou folhas secas e tem aversão à tralhas eletrônicas, compre uma agenda impressa com um Snoopy ou um Garfield sorridente na capa, e seja feliz.

No mais, não há segredos. A agenda é um item de uso obrigatório para quem quer ficar em dia com o seu tempo e não perder amigos, clientes e compromissos importantes. Responda com sinceridade: quantas vezes você deixou um amigo esperando na bilheteria do cinema ou na mesa de um barzinho, depois de confiar na memória ou em *post-its* pendurados no monitor do computador? Assumiu dois compromissos no mesmo horário ou perdeu o prazo para renovar a CNH, para inscrição em um concurso, para comprar ingressos daquele show épico ou algo assim?

Portanto, se você ainda não tiver este hábito, aposente os bilhetinhos. Pare de confiar cegamente na memória e compre uma agenda na papelaria mais próxima ou, se preferir, comece a usar regularmente um aplicativo de agenda como o Outlook, o Notes ou o Google Agenda.

4. LISTA DE TAREFAS

Pois bem, agora que você já sabe o que é uma agenda, uma lista mestra e uma lista de verificação, resta apenas uma pergunta: o que é, afinal, uma lista de tarefas? Também conhecida como *to do list*, lista de tarefas diárias ou lista de afazeres, a lista de tarefas é uma ferramenta de organização e controle de todas as tarefas, sejam elas de pouca, média ou grande importância, que pretendemos realizar ao longo de um dia. Enquanto a agenda demanda, pelo menos, uma folhinha[1] ou calendário de mesa com campos específicos para horários, dias, semanas, meses e anos, basta um papel de rascunho, uma pequena caderneta ou um caderno comum para elaborar uma simples, porém, eficaz, lista de tarefas.

Observe também que, apesar de ser possível reagendar uma reunião, desmarcar um encontro ou cancelar uma consulta, os compromissos registrados numa agenda são sempre um pouco mais rígidos e formais, enquanto as atividades da lista de tarefas costumam ser mais flexíveis e dinâmicas. Mais um detalhe: mesmo que seja raro, é possível que, ao longo de um mês, por exemplo, você tenha um dia ou dois sem nenhum compromisso agendado.

---

1 Calendário impresso numa única folha ou em pequenas folhas destacáveis que, algumas vezes, traz também informações como feriados, datas comemorativas e as fases da lua.

Por outro lado, as tarefas são inevitáveis. Todos os dias você terá uma pequena lista de tarefas a cumprir. Mesmo que seja apenas arrumar a cama pela manhã e levar o lixo para fora no final da tarde.

Seja como for, podemos supor que, bem ou mal, toda pessoa adote uma técnica ou ferramenta para organizar suas tarefas e compromissos. Algumas são mais metódicas e detalhistas, outras nem tanto.

Na faculdade, tive uma aluna que programou sua gravidez no *MS Project* e outra que relacionava todas as suas atividades do dia, com letrinhas bem miúdas, numa única folhinha de *post-it*. Há quem invista nos estilosos organizadores pessoais *Filofax*[2] ou *Franklin Planner*[3] importados, e quem

---

2   Tradicional marca de agendas estilo fichário com refil, também chamadas de *planners* ou organizadores pessoais. A Filofax foi fundada em 1921, no Reino Unido, e serviu como inspiração para uma série de concorrentes similares como a Redfax, a Kikki e a Franklin Planner. A oferta de refis das agendas, estilo fichário, normalmente inclui agenda anual, mensal, semanal e diária, lista de tarefas, bloco para notas com páginas em branco, com linhas ou quadriculado, caderno de endereços, controle de gastos e de programas de milhagem, bem como acessórios como envelopes de plástico e marcadores, entre outros. O usuário pode, portanto, montar sua agenda adquirindo os refis que melhor atendam sua necessidade, estilo e personalidade. Saiba mais em: https://filofax.co.uk/, https://www.redfax.com.br/ e https://www.kikki-k. com/diaries-calendars/planners.

3   Organizador pessoal estilo fichário, com refil, que serve também como suporte físico para o sistema de gestão do tempo, criado em 1984 por Hyrum W. Smith, fundador, ao lado de Stephen Covey, da icônica empresa de treinamento e consultoria Franklin Covey. Uma das recomendações do sistema Franklin Planner, por exemplo, consiste em reservar os primeiros 15 minutos da jornada de trabalho para uma sessão de *solidão e planejamento*.

O sistema e organizador pessoal Franklin Planner leva este nome em homenagem a Benjamin Franklin, um célebre entusiasta das agendas e planilhas pessoais. Em 1726, com apenas 20 anos e bem antes ajudar Thomas Jefferson a escrever a Declaração da Independência dos Estados Unidos, ou emprestar a imagem de seu rosto e longas madeixas para a cobiçada nota de 100 dólares, Franklin listou treze virtudes que, segundo ele, seriam capazes de conduzi-lo ao sucesso e à perfeição moral. As 13 virtudes de Franklin eram a temperança, o silêncio, a ordem, a resolução, a sobriedade, a diligência, a sinceridade, a justiça, a moderação, a limpeza, a tranquilidade, a modéstia, e, finalmente, a humildade. Benjamin Franklin organizou as 13 virtudes em um gráfico semanal, onde todos os dias, durante toda a vida, fazia breves anotações indicando como havia se comportado em relação a cada uma das virtudes. A cada treze semanas, ele também definia algumas metas e relacionava o cumprimento, ou não, dessas metas com a prática das suas 13 virtudes. Ironicamente, apesar de ter entrado para a história como um dos mais influentes americanos de que se tem notícia, o próprio Franklin admitiu não ter sido capaz de cumprir à risca seu desafio de vida, ficando a desejar, ao menos, nos itens sobriedade e moderação. O famoso jornalista, político e inventor foi também um mulherengo incorrigível e beberão contumaz. Saiba mais em: https://franklinplanner.fcorgp.com/store/ e nos livros The Autobiography of Benjamin Franklin (Dover Thrift Editions) e Advanced Day Planner User's Guide, de Hyrum W. Smith.

	D	2A	3A	4A	5A	6A	S
Temperança							
Silêncio							
Ordem							
Resolução							
Sobriedade							
Diligência							
Sinceridade							
Justiça							
Moderação							
Limpeza							
Tranquilidade							
Modéstia							
Humildade							

Quadro 10 – Gráfico Semanal de Franklin

faça listas de tarefas no estilo *Bullet Journal*[4], com canetas esferográficas coloridas e marca textos em cadernos universitários. Alguns usam métodos

---

4 Misto de método de Administração do Tempo, lista de tarefas, organizador pessoal e agenda com jeitão de *scrapbook* (caderno de apliques, fotos e recortes), criado pelo designer nova-iorquino Ryder Carroll. O *Bullet Journal* começou sua trajetória de sucesso em 2015, quando Carroll postou um vídeo com pouco menos de três minutos no *YouTube* apresentando o sistema. Desde então o *Bullet Journal* vem ganhando cada vez mais seguidores em todo o mundo.

O Bullet Journal ou Bujo (apelido carinhoso adotado pelos fãs do método) é uma boa alternativa para quem não quer gastar uma pequena fortuna numa Franklin Planner (no site da Flanklin Planner, apenas os fichários vão de U$ 20,00 a U$ 180,00) e prefere fazer anotações à mão, em vez de usar um aplicativo como o Outlook ou o Evernote. O slogan em destaque no site de Ryder Carroll mostra logo a que veio: The analog system for the digital age, isto é, o sistema analógico para a era digital, em tradução livre.

O método é extremamente versátil e minimalista. Basta um caderno comum ou um caderno de notas estilo Moleskine (tradicional marca de cadernos de notas com 9 x 14 cm ou 13 x 21 cm produzida pela empresa italiana Moleskine SRL) ou similar, um lápis ou uma caneta.

A estrutura básica do Bullet Journal, sugerida por Carrol, é composta por um índice dinâmico na primeira página (que vai crescendo na medida que outras páginas são acrescentadas ao Bullet Journal), uma versão simplificada de calendário mensal nas próximas páginas (com datas de aniversários, feriados, comemorações e coisas assim), e páginas com uma lista para cada mês (com uma coluna para os dias do mês e outra coluna, ao lado, com uma legenda para os dias da semana) e também para listas de objetivos. O método ainda permite que você acrescente páginas e seções extras conforme sua necessidade e conveniência. Tais como checklists, receitas, endereços ou listas de livros que você quer ler, lugares que quer conhecer ou séries para maratonar, por exemplo.

Para completar, Carrol ainda recomenda incluir ao lado de cada anotação, um marcador (lembrando que, em inglês, bullet significa marcador e journal significa diário. Daí o nome Bullet Journal) para distinguir uma anotação de outra, bem como organizar e acompanhar a execução de cada uma delas. Uma bolinha para compromissos, um traço de check para tarefas e um hífen para informações importantes.

Todo o resto, isto é, marcadores alternativos (estrelinhas, carinhas sorridentes, setas e hashtags), bem como adesivos, fotos, recortes e desenhos com canetas coloridas fica

que aprenderam em cursos ou livros de Administração do Tempo, outros foram criando e aperfeiçoando empiricamente sua própria técnica ao longo dos anos. Finalmente, temos os tolos e destemidos, que são aqueles que preferem deixar de lado qualquer técnica mais elaborada, e dar conta dos compromissos e tarefas na medida que forem aparecendo, o que, convenhamos, também não deixa de ser um método.

LISTA DE VERIFICAÇÃO	LISTA MESTRA
As listas de verificação, ou *checklists*, são listas de uso recorrente, como a lista de compras do supermercado ou a lista de itens e providências para, por exemplo, organizar um churrasco, uma viagem, um treinamento ou uma reunião.	A Lista Mestra, ou lista de pendências, é a relação completa ou bem abrangente de pendências e projetos. Semelhante a um inventário geral e sem data para conclusão.
LISTA DE TAREFAS	**AGENDA**
Ferramenta (aplicativo ou mídia física, como um bloco de rascunho, caderno ou caderneta) que se destina à organização e controle de tarefas, sejam elas de pouca, média ou grande importância, que devem ser realizadas por uma pessoa ao longo de um dia.	Ferramenta (aplicativo ou mídia física, como um caderno ou caderneta) dividida em campos com horas, dias, semanas, meses e anos e que se destina ao registro e controle de compromissos, tarefas e outras informações. O termo agenda refere-se, também, ao conjunto de compromissos e tarefas de uma pessoa.

Quadro 11 – Lista de Verificação, Lista Mestra, Lista de Tarefas e Agenda

---

por conta do seu estilo, necessidade e criatividade. O Pinterest e o Instagram estão repletos de exemplos de Bullets Journals bem inspirados.

Saiba mais em: http://bulletjournal.com/, no canal oficial do Bullet Journal no YouTube em https://www.youtube.com/user/bulletjournal ou no livro *O Método Bullet Journal*, de Ryder Carroll.

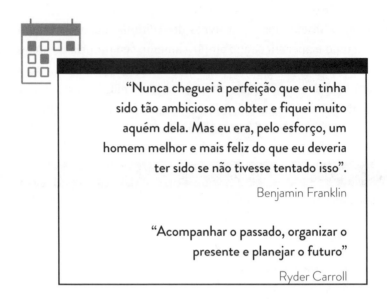

"Nunca cheguei à perfeição que eu tinha sido tão ambicioso em obter e fiquei muito aquém dela. Mas eu era, pelo esforço, um homem melhor e mais feliz do que eu deveria ter sido se não tivesse tentado isso".

Benjamin Franklin

"Acompanhar o passado, organizar o presente e planejar o futuro"

Ryder Carroll

Confusões e definições à parte, é estatisticamente provável que você já conheça e talvez até mesmo use uma lista de tarefas no seu dia a dia. Segundo um estudo conduzido pelo LinkedIn, em 2012, 73% dos profissionais brasileiros usam listas de tarefas para tornar a rotina de trabalho mais organizada e menos estressante.

Quase todos nós somos adeptos das listas. De fato, temos uma tendência natural, quase automática, para organizar e relacionar quase tudo em listas. De compromissos e tarefas diárias a itens que precisamos comprar no supermercado, até séries que queremos assistir na Netflix, ou, como já vimos, as 100 coisas que queremos fazer antes de partir desta para uma melhor.

É muito mais prático, rápido e eficaz executar um conjunto de tarefas organizadas numa lista, do que ficar vasculhando a memória ou procurando anotações dispersas em bilhetinhos, e-mails, mensagens de texto no WhatsApp e guardanapos de papel.

Para Paula Rizzo, consultora especializada em produtividade, autora do livro *Listful Thinking: Using Lists to Be More Productive, Successful and Less Stressed* (publicado no Brasil com o título *Listomania: Organizando pensamentos*, DVS Editora), as listas de tarefas, além de excelentes ferramentas de organização e controle, contribuem para reduzir o nível de estresse, bem como alavancar a eficácia e a produtividade. Uma boa lista de tarefas é capaz de limpar a sua mente e fazer com que você se concentre nas atividades que realmente importam e geram resultados.

Como comentei também, o simples hábito de usar regularmente uma lista de tarefas faz com que você se ocupe mais em fazer o que deve ser feito, em vez de gastar tempo e energia tentando encontrar, se lembrar ou decidir sobre o que deve ser feito. Parece pouco, mas, na prática, este pequeno detalhe representa um ganho de tempo e eficácia bem expressivos.

Estamos o tempo todo olhando para as nossas próximas tarefas e tomando decisões. Desde que saímos da cama até as últimas horas do dia. Da escolha de um par de meias pela manhã, a um filme no *pay-per-view* depois do jantar. Segundo Noreena Hertz, pesquisadora e economista britânica, autora do livro *De Olhos Bem Abertos – Como tomar decisões inteligentes em um mundo confuso*, são aproximadamente 1.000 decisões por dia.

Somente as escolhas sobre alimentação — água, suco ou refrigerante? Saladinha *ceasar* saudável e sem remorso (44 calorias a cada 110 gramas) ou um hambúrguer duplo com bacon, queijo cheddar, cebola caramelizada e mais de 500 calorias a cada 100 gramas? Somam pelo menos 200 escolhas diárias. Essa enxurrada de decisões tem um preço alto. Decidir consome energia e nosso estoque de energia diário é limitado. Quanto menor for a nossa reserva de energia para decidir, maior a dificuldade e pior a qualidade das nossas escolhas. Isso explica porque normalmente é mais fácil escolher um par de meias assim que levantamos, quando estamos descansados e cheios de energia para decidir, do que um filme no final do dia, quando o cansaço já consumiu quase todo nosso estoque de energia para decisão, e todas as sinopses de filmes parecem rigorosamente iguais e enfadonhas.[5]

---

5 Mark Zuckerberg, fundador do Facebook, e Barack Obama são apenas alguns exemplos de personalidades que, ao que tudo indica, levam a sério as ideias defendidas por Noreena Hertz e Roy Baumeister. Os dois não perdem tempo e energia escolhendo roupas de cores e modelos diferentes. Mark Zuckerberg usa apenas camisetas cinzas; enquanto Barak Obama, um pouco mais leviano, costuma alternar entre ternos azuis ou pretos. A lista ainda inclui nosso patrono, Albert Einstein (que usou o mesmo terno surrado durante anos), Steve Jobs (1955–2011), Christopher Nolan e, ironicamente, Karl Lagerfeld, designer chefe e diretor criativo da grife Chanel. Faça uma pesquisa

O psicólogo e pesquisador da Universidade Estadual da Flórida Roy Baumeister, autor do livro *Força de Vontade: Redescobrindo o Grande Poder Humano*, chama este fenômeno de fadiga de decisão.

E não é só. Você pode até achar um exagero, mas vários estudos comprovam que, quanto mais vezes precisamos decidir ao longo do dia, maiores são os níveis de tensão, desordem e até mesmo, acredite, de infelicidade. No livro *O Paradoxo da Escolha: Porque mais é menos*, o psicólogo e professor americano, Barry Schwartz, demonstra também que a infinidade de opções e escolhas que enfrentamos diariamente é paralisadora e alimenta uma equivocada sensação de que sempre poderíamos ter escolhido seguir por outro caminho melhor.

Sendo assim, começar o dia com uma boa lista de tarefas e, por consequência, uma série de decisões e escolhas já tomadas sobre o que fazer, o que não fazer, o que é prioridade e o que pode esperar, não só alavanca a produtividade, como também atenua significativamente os efeitos negativos e estressantes do paradoxo da escolha e da fadiga da decisão.

Pessoalmente, ainda acredito que uma das principais características e razão de sucesso da ampla aderência da lista de tarefas é a sua simplicidade. Gosto de comparar a lista de tarefas com um martelo. Ambas são ferramentas simples e eficazes. Entretanto, toda ferramenta, inclusive as mais simples, exigem alguns cuidados. Quem não sabe usar corretamente um martelo, corre o risco de errar o prego, quebrar o dedo, cair da escada e ir mais cedo para o jardim das tabuletas.

Com a lista de tarefas não é diferente. Apesar da sua simplicidade, a lista de tarefas exige alguns cuidados básicos. Não basta apenas relacionar sem critério um punhado de tarefas numa folha de papel e seguir riscando freneticamente os itens, como números numa cartela de bingo. Uma lista de tarefas elaborada sem a técnica adequada pode sobrecarregar a sua vida, estragar o seu dia e fazer com que você apenas realize com muita eficiência um monte de coisas que não precisam ser feitas.

---

de imagens de Karl Lagerfeld no Google e tente encontrar uma foto sequer onde ele não esteja usando terno, óculos e luvas pretas, com uma camisa branca.

Não é à toa que alguns autores e especialistas (muitos dos quais admiro e respeito), não recomendam o uso da lista de tarefas. Eles alegam que a lista de tarefas só contribui para manter as pessoas ocupadas com pequenas bobagens ou reféns dos *tem que*. No jargão da administração do tempo, *tem quês* são aquelas atividades inúteis que só ocupam tempo, mas que assim mesmo insistimos em atender. Você sabe como é: *tem que fazer isso, tem que fazer aquilo, tem que fazer aquele outro.* De certo modo, até concordo com eles. Se for para usar errado, é melhor mesmo nem usar. Uma lista de tarefas malfeita é como um bom remédio com a prescrição errada. Entretanto, como espero já ter deixado bem claro, defendo que o problema não é a lista de tarefas, mas sim o modo como ela é construída e, consequentemente, executada. Insisto: toda ferramenta, seja uma lista de tarefas, um martelo, um descascador de batatas, um grampeador, um quadro de avisos ou qualquer outra que você imaginar, é potencialmente boa e tem seu valor, desde que seja bem utilizada.

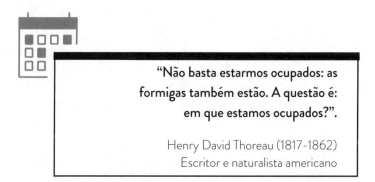

"Não basta estarmos ocupados: as formigas também estão. A questão é: em que estamos ocupados?".

Henry David Thoreau (1817-1862)
Escritor e naturalista americano

Outra característica marcante da lista de tarefas é a sua flexibilidade. Você notará que é não só possível seguir à risca minhas sugestões, como também adaptar minha metodologia de lista de tarefas à sua necessidade e personalidade. A lista de tarefas é tão versátil e dinâmica quanto as configurações do Outlook, um organizador pessoal ou um *Bullet Journal*.

Observe também que sugiro o uso em paralelo de duas ferramentas, isto é, a agenda e a lista de tarefas. É possível registrar e organizar, tanto compromissos como tarefas, em uma agenda. Como também é bem prático usar a agenda e a lista de tarefas como ferramentas complementares.

Eu, pessoalmente, controlo e organizo meus compromissos na agenda do Outlook e as tarefas em listas diárias que registro *à mão num caderno de notas estilo Moleskine*. Faça como preferir. O importante é entender os princípios que vou apresentar a seguir, e adaptá-los ao seu estilo e personalidade.

O MÉTODO EINSTEIN
E A LISTA DE TAREFAS

Muito bem. Agora que você já sabe o que é uma agenda, bem como o que é — e o que não é — uma lista de tarefas diária, veremos como incorporar o espírito do Método Einstein numa lista de tarefas eficaz. Em seguida, vamos concluir este livro com outra questão importante: o equilíbrio entre a vida profissional e a vida privada.

A título de ilustração, vamos construir passo a passo uma lista de tarefas diária num caderno ou numa caderneta de anotações. Se você preferir, use os mesmos princípios que vou sugerir num aplicativo como o Evernote, o Trello ou até mesmo num quadro branco. O efeito é o mesmo. Como já comentei, trata-se apenas de uma questão de estilo e preferência.

O primeiro passo da fusão entre o método Einstein e a lista de tarefas é bem intuitivo e previsível. Consiste apenas em fracionar e organizar a lista em três campos, isto é: *o que temos para amanhã?*, *o que temos para hoje?* e, para concluir, *o que temos para ontem?*

A imagem a seguir representa uma lista de tarefas com as três perguntas do método num caderno ou numa caderneta de anotações, bem como traz algumas dicas gerais sobre cada uma delas.

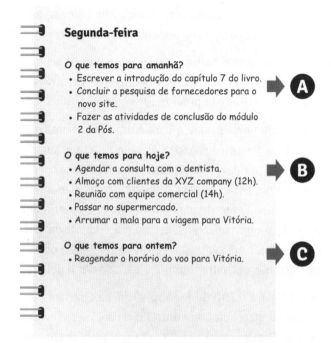

Ilustração 11 – O Método Einstein e a Lista de Tarefas.

A. Relacione neste campo da lista de tarefas as frações dos projetos com potencial de gerar grandes resultados no futuro. Sempre que possível, comece o seu dia executando as tarefas do campo *o que temos para amanhã?*

Não deixe o amanhã para amanhã. Garanta hoje os resultados que pretende colher no futuro.

B. Contenha o impulso de começar o dia com as tarefas mais simples e rápidas. Atenda às tarefas de rotina do campo *o que temos para hoje?* somente depois de ter concluído as tarefas do campo *o que temos para amanhã?*. As rotinas podem esperar um pouco.

Agilize a execução das atividades de rotina simplificando, agrupando ou delegando tantas quantas forem possíveis.

C. Mantenha um *estoque de tempo* disponível para atender crises, imprevistos e interrupções. Em média, duas horas por dia são suficientes. Ao longo do dia, inclua, com cautela, as novas crises e imprevistos no campo *o que temos para ontem?*

Observe que, quanto maior for o seu comprometimento com os campos *o que temos para amanhã?* e *o que tempos para hoje?*, menor será a incidência de crises e imprevistos.

Tenha em mente também que a lista é uma ferramenta de organização e controle, então, ao construir uma lista, você estará, por tabela, planejando o seu dia. Logo, uma lista deve ser sempre elaborada na véspera, isto é, no dia anterior. Esperar o dia começar para somente depois elaborar uma lista não é planejar, é improvisar. O ato de planejar implica necessariamente em antecipar. Resolver hoje o que você vai fazer hoje é como fazer uma viagem sem reservar os hotéis. Pode até ser ousado e divertido, mas a possibilidade de dar tudo errado e você não encontrar um lugar para passar a noite é muito grande.

Em 2019, fui para o Rio de Janeiro na mesma semana do Rock in Rio. Quando cheguei no meu hotel, encontrei um casal sem reservas procurando um quarto vago. O meu hotel era a sexta tentativa deste casal. Eles compraram antecipadamente os convites para os dias de show, mas deixaram o hotel para resolver no dia. Péssima estratégia.

Do mesmo modo, a lista de tarefas, apesar de flexível, não é simpática a improvisos e decisões impulsivas. A lista de terça-feira, por exemplo, deve ser elaborada, de preferência, até o final da tarde da segunda-feira.

Vale a pena destacar também que elaborar a lista de tarefas no dia anterior ainda promove dois efeitos colaterais muito benéficos:

1. QUALIDADE DO SONO

Quando relacionamos coisas por fazer numa lista, é como se estivéssemos, literalmente, esvaziando a mente. Tirando da cabeça, por exemplo, o receio de esquecer o horário da consulta no dentista ou de ligar para o primo de Rifaina que faz aniversário. A mente é ótima para ter ideias e encontrar soluções de encrencas, mas é péssima para armazenar compromissos e coisas por fazer.

Esvaziar a mente contribui para uma boa noite de sono, pois a mente vazia não precisa ficar se preocupando com o seu dentista ou como o aniversário do seu primo. Inconscientemente, você saberá que tudo o que precisa fazer no dia seguinte já está anotado na lista e, portanto, poderá dormir em paz e sem preocupações desnecessárias.

É mais ou menos a mesma coisa que acontece quando precisamos acordar bem cedo e usamos um despertador. Durmo bem melhor quando sei que o despertador vai tocar, e que eu terei tempo para levantar, me trocar, tomar o café e chegar cedo num compromisso qualquer. Experimente assumir um compromisso importante bem cedo e não programar o despertador. A preocupação e o receio de perder a hora provavelmente não vão deixar você dormir direito.

2. REDUÇÃO DO ESTRESSE

Como já comentei, a lista de tarefas aumenta a sensação de organização e controle o que, comprovadamente, reduz os níveis de estresse. Na Física, o termo estresse ilustra as situações de tensão e desgaste a que estão expostos determinados materiais.

Imagine que, de acordo com as especificações de fábrica, um determinado modelo de caminhão possa carregar até seis toneladas. Neste caso, um caminhão circulando com exatas seis toneladas estaria numa situação de estresse zero. Porém, mesmo que não seja aconselhável, é possível, digamos, estressar o caminhão com uma carga de sete toneladas. Esse estresse, todavia, pode ser responsável por um consumo maior de combustível, além de um dano na suspensão do veículo.

Em 1936 o endocrinologista húngaro Hans Selye (1907–1982) pegou o termo estresse emprestado da Física para ilustrar as situações de tensão que acometem, por analogia, as pessoas que tentam assumir, ou são expostas, a um volume de atividades maior ou mais severas do são capazes de suportar normalmente. As consequências são, de certo modo, semelhantes. Fadiga extrema, insônia, dores musculares e queda de imunidade, para dizer o mínimo. Em casos extremos, como você sabe, o estresse pode levar até à morte.

Para nós, a lista de tarefas funciona como uma balança de fiscalização, emitindo um sinal de alerta que avisa quando a quantidade e complexidade de atividades previstas na lista está acima do razoável e suportável.

Elaborar a lista um dia antes, entretanto, ainda não é o bastante. A lista diária, apesar de bem eficiente, tem uma perigosa deficiência. Seu alcance de apenas 24 horas é muito limitado, o que contribui para que o risco de ficarmos só atendendo *tem quês* inúteis e resolvendo encrencas ou pequenas rotinas sem importância muito grande. A lista diária pode causar miopia de tempo e distanciá-lo dos seus projetos de médio e longo prazo.

Felizmente, a solução para essa limitação é bem simples. Basta elaborar não apenas uma, mas pelo menos três listas em sequência (pode ser também quatro ou cinco, fica a seu critério). Chamo essa sequência de listas de estratégia de 72 horas. Costumo dizer que a estratégia de 72 horas tem alguma semelhança com dirigir ou andar de bicicleta com segurança.

Quando subo na minha bike e saio para pedalar, projeto o meu olhar para as curvas, obstáculos, pedestres, capivaras e outros ciclistas que estão bem à frente, de maneira que eu tenha tempo hábil para desviar ou frear a bicicleta, se for necessário. Quem pedala com o olhar a poucos metros de distância, corre o risco de atropelar uma capivara ou cair num buraco e quebrar o nariz. Uma lista diária avulsa equivale ao olhar de curta distância e ao risco de trabalhar demais, perder tempo em apenas pequenas demandas sem importância e quebrar a cara. O horizonte mais distante de uma sequência mínima de três listas diárias é bem mais seguro e eficaz.

ESTRATÉGIA DE 72 HORAS

Assim, no final da tarde de segunda-feira, por exemplo, além da lista de terça-feira, a proposta é também construir, pelo menos, as listas de quarta-feira e quinta-feira, sendo cada uma em uma página. Observe que a sugestão não é elaborar uma lista de itens imensa que leve três dias ou mais para ser concluída. Isso seria uma lista mestra. Penso que nem preciso repetir as razões pelas quais devemos evitar a lista mestra e acreditar na conversa mole da Penélope de Esparta.

A proposta é criar uma sequência de listas diárias e ampliar o horizonte. Jogar o olhar para um ponto bem mais distante do que as próximas 24 horas. Assim, a lista da terça-feira seria concluída na terça-feira, a lista de quarta-feira, na quarta-feira, e assim por diante. Sem enrolação, mortalhas ou *tem quês*.

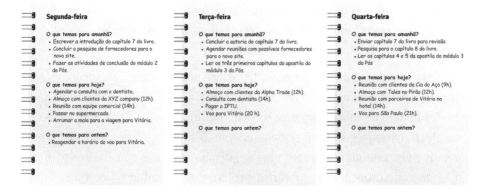

Ilustração 12 – Lista de 72 horas

Mais: a proposta é criar e MANTER uma sequência de listas. Ou seja, supondo que na terça-feira as listas de quarta-feira e quinta-feira já estavam prontas no final da terça-feira, bastará somar à frente mais uma lista na sequência, ou seja, a lista de sexta-feira.

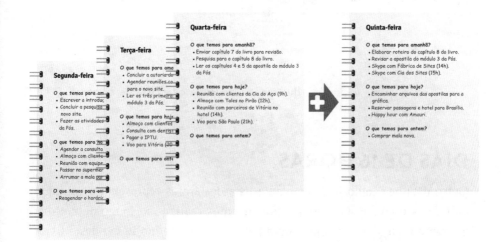

Ilustração 13 – Manutenção da Lista de 72 horas

Esse encadeamento de listas da estratégia de 72 horas conduz indiretamente a outro benefício bastante positivo. Nas listas diárias avulsas impera a sensação de estarmos sempre recomeçando. No final do dia, a lista acaba e, no dia seguinte, o próximo desafio será zerar a nova lista. Os dias acontecem como se a segunda-feira e a terça-feira fossem completas estranhas, sem nenhum parentesco ou proximidade.

Na sequência de 72 horas, as listas também acabam, mas, como veremos, o encadeamento de listas diárias promove um efeito de continuidade muito benéfico, sobretudo, na execução de projetos para o futuro. Observe na ilustração a seguir, que principalmente as atividades dos campos, *o que temos para amanhã?* seguem uma sequência lógica e consistente na direção da conclusão de um ou vários projetos. A terça-feira passa a ser uma continuidade da segunda-feira, bem como a quarta-feira uma extensão da terça-feira e, assim, sucessivamente. Na prática, a estratégia de 72 horas apenas começa mantendo um movimento coerente e produtivo na transição de um dia para o outro.

Ilustração 14 – Projetos e Lista de 72 horas

DIAS DE 16 HORAS

Outro detalhe: como já vimos, uma lista de tarefas representa o conjunto de tarefas e compromissos que pretendemos realizar ao longo de um dia, e o tempo que dura um dia. Como também já alertei no início deste livro, é rigorosamente limitado. Dias de 30 horas, supostamente, só existem nos caixas eletrônicos ou na mente criativa de banqueiros, publicitários e marqueteiros. No mundo real, descontando as indispensáveis horas de sono, nos restam apenas algo em torno de 16 a 18 preciosas e escassas horas, para dividirmos entre o trabalho, a vida pessoal, deslocamentos e um pulo no caixa eletrônico. Logo, o bom senso sugere que a soma do tempo necessária para atender todos os itens (profissionais e pessoais) de uma lista de tarefas não deva exceder a, aproximadamente, 16 horas diárias. Simples assim.

Usando uma analogia muito popular na literatura de administração do tempo, podemos afirmar que um dia é como um pote cuja capacidade é limitada ao seu volume. Imagine, por exemplo, um copo de vidro de 300 ml de capacidade. É evidente que ele não pode conter mais do que 300 ml de água, vinho ou chá de erva-cidreira. Agora, preencha este copo até o limite com 300 ml de água, e depois acrescente cinco ou seis pedras de gelo, uma colher de açúcar ou umas gotas de adoçante, e 100 ml de sumo de limão para fazer uma refrescante limonada.

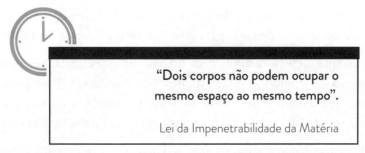

"Dois corpos não podem ocupar o mesmo espaço ao mesmo tempo".

Lei da Impenetrabilidade da Matéria

É obvio que boa parte da limonada vai transbordar e fazer um belo estrago na pia da sua cozinha. Outro exemplo, recorrendo mais uma vez ao expediente de confrontar os conceitos de tempo e dinheiro, seria como ir ao supermercado com uma lista de compras que some um valor muito maior do que o dinheiro disponível.

Entretanto, o que é incontestável na física ou na economia doméstica parece não seguir a mesma lógica e simplicidade na cabeça de muita gente. Não é difícil encontrar pessoas com listas de tarefas diárias, cuja soma de tempo necessária para dar conta de todos os itens extrapole violentamente a quantidade de tempo que temos disponível ao longo de um dia. O erro, portanto, não está na execução da lista. O erro está no planejamento.

O que não faltam são justificativas tolas que vão desde o receio de contrariar outras pessoas (principalmente o chefe) e o medo de parecer desocupado(a), até a pura desorganização, o excesso de otimismo (vai dar tempo!), ou a falta de habilidade e assertividade em dizer *não* e negociar prazos razoáveis e realistas.

Outro problema é que, ao contrário de um copo ou uma lista de compras, que são concretos e objetivos, o tempo é algo intangível, abstrato. É muito simples e fácil estimar quantos mililitros de limonada cabem num copo, ou quantos itens de supermercado cabem no seu bolso, mas é bem complicado estimar quantas atividades cabem num dia e, consequentemente, quanto tempo cada uma dessas atividades vai demandar.

LEI DE HOFSTADTER

Você já percebeu que, mesmo quando, por segurança, acrescentamos mais alguns minutos na estimativa de execução de uma tarefa, muitas vezes, essa tarefa consome mais tempo do que o previsto? Imagine que você reservou uma hora do seu fim de tarde para fazer um resumo para a faculdade.

Quarenta e cinco minutos para fazer o resumo e mais quinze minutos de margem de segurança, afinal, imprevistos acontecem. Você pode perder o acesso com a internet bem no meio de uma pesquisa, acabar a tinta da impressora ou sua Lulu da Pomerânia pode entrar em trabalho de parto.

O curioso é que mesmo quando não acontece nenhum imprevisto, o tal resumo, ainda assim, acaba ocupando uma hora e meia, ou seja: meia hora a mais do que os 45 minutos previstos e os 15 minutos de margem de segurança.

Dispensando a modéstia e abusando da ironia, o acadêmico americano, Douglas Hofstadter, autor do livro *Gödel, Escher, Bach: An Eternal Golden Braid* (*Gödel, Escher, Bach: Um entrelaçamento de gênios brilhantes*, Editora Unb), chama este fenômeno de Lei de Hofstadter. Para ele, é sempre necessário mais tempo que o previsto, mesmo quando se leva em conta a lei de Hofstadter. Dois exemplos clássicos dos efeitos da Lei de Hofstadter são as reformas e construções. É impressionante. Não existe cronograma ou planejamento capaz de resistir a uma despretensiosa reforma na cozinha.

Desconfio que Hofstadter criou sua lei quando estimou escrever seu livro em seis meses, acrescentou mais uma margem de segurança de três meses, mas só concluiu a autoria após um ano, ou depois de ter concluído (com semanas de atraso) uma reforma em sua casa.

LEI DE PARKINSON

Outra lei curiosa e irônica, que segue na mesma direção, é a Lei de Parkinson, publicada num artigo da revista *The Economist*, em 1955, e, um pouco depois, revista com mais profundidade no livro *Parkinson's Law: The Pursuit of Progress* (*Lei de Parkinson: a busca do progresso*, sem tradução no Brasil). Para o professor e historiador inglês, Cyril Northcote Parkinson, *o trabalho se expande de modo a preencher o tempo disponível para a sua realização*.

Isto é, se você dispuser de apenas uma hora para fazer o tal resumo, esse será o tempo que o trabalho irá consumir. Por outro lado, se você tiver toda a tarde livre, é bem provável que você ocupe todo esse tempo para concluir o mesmo trabalho.

Parkinson observou, por exemplo, que uma datilógrafa (nos anos 50 ainda existiam máquinas de escrever e datilógrafas) era capaz de datilografar uma carta em meia hora (quando a ela era dado esse prazo), enquanto que outra datilógrafa, com a mesma habilidade e experiência (e uma hora de prazo), levava uma hora para datilografar o mesmo documento.

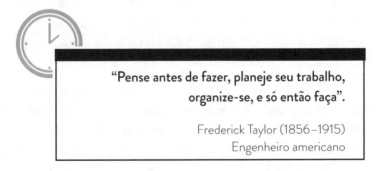

"Pense antes de fazer, planeje seu trabalho, organize-se, e só então faça".

Frederick Taylor (1856–1915)
Engenheiro americano

Nota: Você já notou que o excesso de papéis e a bagunça parecem seguir o mesmo princípio da Lei da Parkinson? A papelada cresce até preencher todas caixas, pastas e arquivos disponíveis. Do mesmo modo, a bagunça tende a ocupar todo o espaço livre. Quanto maior a oferta de armários, gavetas e prateleiras, maior o volume de tralhas. Outro exemplo curioso são as contas e despesas pessoais que também parecem crescer na medida que aumenta a renda. Quanto maior é a sua renda, maior também é a sua despesa.

PERCEPÇÃO DO TEMPO

Mas não se desespere. Nem é assim tão complicado contornar o eventual estrago profetizado pelas Leis de Hofstadter e Parkinson. Uma solução bem prática e eficaz consiste em apurar gradativamente sua percepção de *duração do tempo*. Você, sem dúvida, sabe que uma hora dura 60 minutos. Por outro lado, você tem consciência do que é capaz de fazer em uma hora? Ou, dito de outra forma: você tem noção do que *cabe* em uma hora? Quanto tempo você leva, por exemplo, para preparar o café, almoçar, passar uma camisa, processar e-mails, redigir um relatório ou elaborar a pauta para uma reunião?

QUANTO TEMPO DURA UM MINUTO?

Faça uma experiência. Dispare o cronometro do seu smartphone e imediatamente feche os olhos. Tente manter os olhos fechados por exatamente um minuto. Mas atenção: não vale contar os segundos! Abra os olhos e consulte o cronômetro quando achar que completou um minuto. Quanto tempo dura um minuto para você? Exatos 60 segundos? Menos? Mais?

Organize seus horários e estabeleça limites rigorosos, mas realistas para a execução de algumas atividades de rotina e tarefas específicas. O desafio é encontrar o caminho do meio. Evite ser extremamente otimista ou conservador demais. Um minuto para servir a mesa, esquentar o leite e preparar o café, um suco de laranja e algumas torradas é muito otimismo, enquanto trinta minutos é um despropósito.

Experimente também trocar o relógio por um timer para medir a duração de algumas atividades rotineiras, bem como para reservar blocos entre quinze minutos a meia hora para processar e-mails, estudar ou colocar a leitura em dia. As técnicas do Pomodoro e do atacado (que veremos um pouco mais à frente) e aplicativos de *time tracking* (rastreamento de tempo), como o *Rescue Time*, o *Bitrix* ou o *Toggl*, são outras ferramentas que também podem ajudar você a controlar e apurar ainda mais sua percepção de *duração de tempo*.

Eu, por exemplo, uso o temporizador do meu smartphone e uma extensão gratuita do Google Chrome, que pode ser usada tanto no notebook como nos smartphones com Android. Pesquise por *trackingtime-time-tracker* no

Google ou página de extensões no Chrome. Tome apenas o cuidado de não transformar uma dose de disciplina e controle numa obsessão desnecessária. Controle o seu tempo, mas não permita que o seu tempo controle você.

ITENS DETALHADOS E ESPECÍFICOS

Outra dica um tanto quanto exagerada, mas muito boa e obrigatória, consiste em registrar os itens por fazer na lista de tarefas com o maior detalhamento possível. Assim, por exemplo, não registre na sua lista somente *mãe*. Escreva: *ligar para a mamãe para saber como está a Tia Claudete*. Do mesmo modo, não escreva apenas *Pagar a excursão*. Escreva: *ir até o escritório da agência de viagens na Avenida Brasil assinar o contrato e pagar a excursão de formatura da Lívia*. Note que itens acanhados e concisos como *mãe* e *pagar a excursão* passam a imagem inocente e equivocada de que não demandam mais do que alguns minutos para serem executados e riscados da lista.

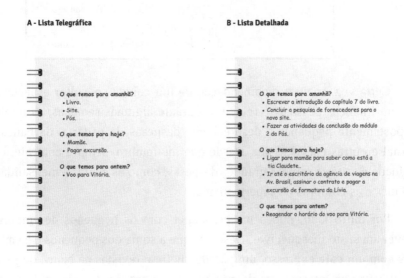

Ilustração 15 – Lista Telegráfica e Lista Detalhada.

Observe os dois exemplos na ilustração 15. Ambas as listas somam a mesma quantidade de itens. Entretanto, a lista telegráfica (A) passa uma ilusão de simplicidade; enquanto a lista específica (B) deixa bem claro que atender todos os itens vai dar muito trabalho e consumir um bom tempo. A mente, muitas vezes, é preguiçosa e otimista demais. Não se deixe enganar. Não dê espaço para que a sua mente, mesmo que sem maldade e na melhor das intenções imagine que riscar meia dúzia de itens tímidos da sua lista de tarefas será um serviço fácil e rápido. Listas específicas são mais realistas e confiáveis.

MINUTO CAFEZINHO

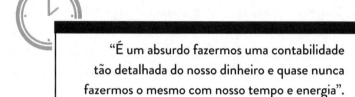

"É um absurdo fazermos uma contabilidade tão detalhada do nosso dinheiro e quase nunca fazermos o mesmo com nosso tempo e energia".

Edward M. Hallowell
Escritor e psiquiatra americano. Autor
do livro *Sem Tempo para Nada*.

Certa vez, segui a recomendação de um colega consultor especializado em finanças pessoais e registrei, durante algumas semanas, as minhas, supostamente pequenas e desprezíveis, despesas da padaria, da banca de jornal e outras coisas assim. Desde que me lembro, sempre controlei com cuidado e critério minhas grandes despesas, como as contas e mensalidades do mês e as compras de supermercado.

Por outro lado, nunca me preocupei com os pequenos desembolsos. Levei um susto inesquecível. Descobri que a soma dos pequenos desembolsos com um café expresso, um pão de queijo e revistas na banca de jornal, rivalizava com as compras de mês no supermercado. Eu não incluía essas despesas, supostamente inofensivas, no orçamento, justamente porque pensava que de tão pequenas elas não mereciam atenção. Aprendi uma grande lição. Haja dinheiro para tanto café expresso, pão de queijo e revistas do Homem-Aranha.

Desde o início deste livro, venho alertando que controlar e organizar nossas demandas pessoais e profissionais com a ferramenta e a metodologia adequada, seja uma lista de tarefas, uma agenda ou um *Bullet Journal*, é um hábito muito recomendável com uma série de méritos e vantagens.

Por outro lado, é verdade também que, na prática, deixamos de relacionar e controlar uma quantidade infinita de pequenas atividades circunstanciais ou de relevância duvidosa, como compartilhar bobagens no grupo de amigos do colégio do WhatsApp, curtir as fotos dos sobrinhos no Instagram, ler os comentários do jogo ou a sinopse da novela de ontem e falar mal da vizinha na fila do caixa da padaria, entre outras tantas atividades do mesmo naipe.

Quem em sã consciência inclui em sua lista de tarefas os minutos desperdiçados com vídeos de gatinhos, um café ou redes sociais? Ninguém faz isso. O problema é que, mesmo que você não contabilize os vídeos de gatinhos ou a novela das oito, estas atividades, obviamente, vão consumir o seu tempo do mesmo modo que um inofensivo café expresso consome seu dinheiro. Tá lembrado? Tudo consome tempo, de toalhas a um cafezinho. Chamo estes itens de minutos cafezinho.

Normalmente, não percebemos, tampouco controlamos, os minutos cafezinho, mas eles estão lá insidiosamente consumindo nosso precioso e escasso tempo. A encrenca é preocupante. Quanto maior a quantidade de minutos cafezinho sem controle na sua vida, menor é o tempo disponível para os itens importantes e de valor da lista de tarefas.

Numa descontraída e inspiradora palestra para o TED[1], a consultora e escritora americana, Laura Vanderkam[2], lembra uma dica manjada para

---

1 TED (acrônimo de *Technology, Entertainment* e *Design*). Em português: Tecnologia, Entretenimento, Design; é uma organização sem fins lucrativos dedicada ao lema *ideias que merecem ser compartilhadas*. Começou há 26 anos como uma conferência na Califórnia, até se transformar em uma intensa agenda de palestras de até 30 minutos. Você pode ir assistir as palestras do TED, que acontecem em vários lugares do mundo, como também pela internet, no site www.ted.com.

2 Laura Vanderkam é autora de vários livros sobre administração do tempo, entre eles *168 Hours: You Have More Time than You Think* (168 horas: Você tem mais tempo do que pensa) e *What the Most Successful People Do Before Breakfast: How to Achieve*

economizar tempo e eliminar um minuto cafezinho clássico, que vira e mexe aparece em artigos e matérias sobre administração do tempo, não só nos programas de televisão, blogs, revistas e jornais americanos, como também nos brasileiros.

A dica é simples: assine um pacote de TV digital e grave as séries e programas de televisão. Fazendo isso, você pode avançar a gravação durante os comerciais e poupar cerca de 15 minutos a cada hora. Dois capítulos de novela sem comerciais devem render uma meia hora, pelo menos.

Se novelas já representam muitos minutos cafezinho, imagine, então, os intervalos comerciais! Em seguida, você pode usar essa meia hora não desperdiçada para lavar a louça, fazer uma breve caminhada ou ler um livro. Essa dica até que é boa. Mas você quer uma dica mil vezes melhor? Esqueça a televisão e livre-se de uma só vez de dois itens cafezinho: as novelas e os comerciais!

Segundo um estudo da Motorola Mobilit, o Brasil é um dos países onde mais se assiste televisão no mundo. São, aproximadamente, 20 horas semanais. Quase três horas por dia. Só não estamos piores que os Estados Unidos, com 23 horas semanais e a Índia, a China, a Malásia e a Turquia, empatados com 22 horas.

Uma semana tem 168 horas. Algo em torno de 50 horas são consumidas entre trabalho e deslocamentos. Nossas merecidas e imprescindíveis noites de sono demandam mais 56 horas. Restam 62 horas. O brasileiro, em média, desperdiça um terço deste precioso e escasso tempo assistindo bobagens na televisão! A televisão é um mamute imenso sentado no sofá da sua sala, tomando um cafezinho. Isso tudo sem contar o tempo desperdiçado com outros minutos cafezinho, como redes sociais e internet. É muito tempo.

Agora, seja sincero. Você realmente acredita que terá mais tempo para outras atividades realmente importantes e de valor, como brincar com seus

---

More at Work and at Home (O que as pessoas bem-sucedidas fazem antes do café da manhã: Como conseguir mais no trabalho e em casa, ambos sem tradução no Brasil).

filhos, ler, estudar, exercer a sua espiritualidade ou praticar uma atividade física, apenas pulando os comerciais da novela das oito?[3]

Outro minuto cafezinho para lá de nefasto é o tabagismo. Segundo um estudo conduzido por Marcelo Maron, diretor-executivo do Grupo PAR, um fumante pode desperdiçar com esse vício estupido até 20% de uma jornada de trabalho de 8 horas. Assim, vejamos. Uma vez que não é permitido fumar em ambientes fechados, além do tempo necessário para fumar um cigarro, devemos considerar também o tempo de deslocamento do local de trabalho do fumante até a rua, um fumódromo ou outro ambiente arejado.

Em média, este vai e vem consome uns quinze minutos. Um fumante razoavelmente controlado, com um consumo de seis cigarros por dia, três pela manhã e três à tarde, desperdiça, e muitas vezes nem se dá conta, algo em torno de 90 minutos. Quase um quinto de uma jornada de trabalho típica de oito horas.

Usar o tempo com qualidade implica em fazer escolhas de qualidade. Entretanto, como já comentei, o que poucas pessoas percebem, ou estão dispostas a aceitar, é que *escolhas de qualidade implicam em renúncias de qualidade*. Não há como querer ter mais tempo para, por exemplo, estudo, saúde e relacionamentos, sem ter a coragem e o desprendimento de excluir da agenda e da lista de tarefas, minutos cafezinho absolutamente inúteis e prejudiciais, como: redes sociais, tabagismo, fofocas, bobagens na internet e na televisão. Quanto mais tempo você desperdiça com minutos cafezinho e sem valor, menos tempo disponível você tem para tudo aquilo que você realmente precisa e quer fazer.

DESAFIO DO SÓTÃO

No romance *Um Estudo em Vermelho*, o escritor e médico britânico, Conan Doyle (1859-1930), conta como Sherlock Holmes e o Dr. John Watson se conheceram e foram morar juntos. Em pouco tempo, Watson constatou, com surpresa, a ignorância do parceiro em certas disciplinas, como literatura e

---

3 Fonte: https://oglobo.globo.com/economia/emprego/cigarro-faz-profissionais-perderem-20-do-tempo-de-trabalho-diz-pesquisa-14123808. Acesso em 12/11/2019.

astronomia. O brilhante detetive, por exemplo, nunca ouvira falar de Copérnico e não sabia que a Terra girava em torno do Sol.

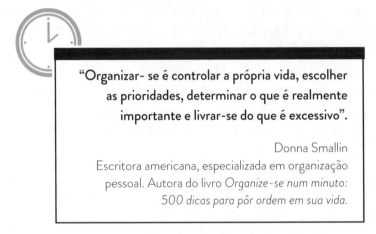

"Organizar-se é controlar a própria vida, escolher as prioridades, determinar o que é realmente importante e livrar-se do que é excessivo".

Donna Smallin
Escritora americana, especializada em organização pessoal. Autora do livro *Organize-se num minuto: 500 dicas para pôr ordem em sua vida.*

Diante da perplexidade do colega, Sherlock explicou: "Se girássemos em torno da Lua, não faria diferença para mim e para o meu trabalho. Acredito que o cérebro humano é como um sótão, um lugar de armazenamento para fatos. Mas como o espaço é finito, deve ser preenchido apenas com coisas que a pessoa precisa para ser seu melhor. É importante, então, que não haja fatos inúteis".[4]

Gosto de comparar o sótão da analogia de Sherlock Holmes com uma lista de tarefas. Ambos são finitos. O sótão é limitado ao seu espaço tanto quanto uma lista de tarefas é limitada a, digamos, algo em torno de dezesseis horas por dia (lembrando sempre que o bom senso sugere preservar as indispensáveis oito horas de sono). Aceite este desafio e esvazie o seu sótão, isto é, a sua agenda. Relacione num caderno ou bloco de rascunho todas as atividades, inclusive e, principalmente, os minutos cafezinho, que realizar ao longo de uma ou duas semanas. Registre também quanto tempo cada atividade consumiu. Para concluir, faça um apanhado geral.

---

[4] Tomei a liberdade de adaptar a fala de Sherlock Holmes usando elementos do romance, *Um Estudo em Vermelho*, e da série para televisão *Elementary*, da CBS, que traz o detetive e seu colega Watson para os tempos atuais, com Jonny Lee Miller e Lucy Liu nos papéis de Sherlock Holmes e Watson, respectivamente.

Confronte os resultados, comparando o tempo que você desperdiça com bobagens que não agregam valor à sua vida, com a quantidade de tempo que seria necessário para algo realmente importante que, atualmente, não cabe na sua agenda, como uma atividade física, um curso de especialização ou uma ação de voluntariado.

Escolha, por exemplo, não ter tempo para itens cafezinho, como novelas e redes sociais, para ter tempo para uma caminhada, para uma boa leitura ou para brincar com seus filhos.

Somando os desafios, as dicas e leis engraçadinhas dos últimos parágrafos, a conclusão é clara. Uma lista de tarefas diárias não deve ser tão extensa ou demasiadamente otimista a ponto de não ser realizável. Não é possível colocar um litro de água numa garrafa de 500 ml. Como também não é possível acomodar 48 horas de atividades num dia de 24 horas.

E por falar em Sherlock Holmes e seu sótão, eu tenho um hábito que, de certo modo, segue o mesmo princípio. Nas manhãs que vou de carro para algum cliente ou reunião, costumo alternar minha atenção entre as rádios CBN e BandNews. Entretanto, sempre que entram os blocos comerciais ou uma matéria que não desperte o meu interesse como, vejamos, as novas descobertas sobre a influência da lua no crescimento das abóboras, prefiro desligar o rádio a encher a cabeça com informações inúteis. Ultimamente ando ouvindo *podcasts*.

A ciência comprovou que o excesso de informações, sobretudo as *fake news*, podem causar um estresse severo nos processos cognitivos. Toda nova informação causa um pequeno consumo de energia, pois o cérebro tem que, no mínimo, decidir o que fazer com esse novo dado. Informações inúteis cansam a mente e deixam o raciocínio turvo. Não é fácil. Atualmente, uma edição de domingo do jornal *The New York Times* contém mais informações do que um cidadão do Século XVII recebia ao longo de toda a sua vida. Sherlock Holmes tem razão.[5]

---

5 Fontes: https://www.uai.com.br/app/noticia/saude/2018/12/10/noticias-saude,238577 /excesso-de-informacao-na-era-digital-requer-discernimento-para-identif.shtml, https://tvbrasil.ebc.com.br/um-olhar-sobre-o-mundo/2018/08/um-olhar-sobre-o-mundo-06082018 e http://redeglobo.globo.com/globociencia/noticia/2013/09/*excesso-de-informacao-pode-causar--exaustao-do-sistema-nervoso-central.html*. Acesso em 15/03/2019.

O QUE TEMOS
PARA AMANHÃ?
OU INCLUINDO PROJETOS NA LISTA DE TAREFAS DIÁRIA

No início do capítulo anterior, quando propus a soma do Método Einstein com a lista de tarefas, sugeri fracionar e organizar a lista de tarefas diária em três campos, a saber: *o que temos para amanhã?*, *o que temos para hoje?*, e *o que temos para ontem?*. Pois bem. Veremos agora, com um pouco mais de profundidade, como preencher e atender com eficácia o campo *o que temos para amanhã?*

Como já vimos, o campo *o que temos para amanhã?* é formado, sobretudo, de projetos que, por sua vez, conduzem a resultados que pretendemos colher no FUTURO. Já vimos também que os projetos não são realizados numa só tacada, mas passo a passo, gradativamente. Logo, a ideia não é incluir no campo *o que temos para amanhã?* itens *como escrever um livro* ou *aprender alemão*. Estes dois exemplos representam os títulos de dois projetos. Na lista diária, incluímos as frações dos projetos.

Sendo assim, o correto é acrescentar na sua lista diária a parcela dos projetos que você pretende realizar naquele dia e que, por sua vez, vão contribuir para a conclusão do projeto. Chamo estas parcelas de frações executáveis. Não é factível escrever um livro como este (com aproximadamente 65 mil palavras) ou aprender um novo idioma em apenas um dia. Por outro lado, com uma pequena fração do dia é possível escrever 500 palavras ou aprender 10 novas palavras de alemão. Já tratamos deste ponto quando apresentei a técnica do elefante.

A proposta, então, é realizar uma sequência de frações executáveis dia após dia, até a conclusão do projeto, seja o livro, a fluência em alemão ou qualquer outro. Algo mais ou menos assim:

- ■ Segunda-feira: listar os tópicos e montar a estrutura do Capítulo 1 do livro.
- ■ Terça-feira: escrever pelo menos 500 palavras do Capítulo 1.
- ■ Quarta-feira: revisar o texto do dia anterior e acrescentar 500 palavras ao Capítulo 1.
- ■ ... e ir seguindo assim, fração por fração, até a conclusão do livro.

Nada mais simples e efetivo. Observe que esta estratégia já é, por exemplo, disfarçadamente adotada por aplicativos e plataformas de ensino de idiomas, como o Duolingo e o Babbel. Ambos sugerem uma sequência de estudo baseada em pequenos blocos de estudo diários.

Do mesmo modo que não é possível escrever um livro ou aprender alemão em poucas horas ou alguns dias, também não é viável preencher o dia do começo ao fim com dezenas de frações executáveis. Por mais que os projetos e suas frações sejam importantes, você também deve aceitar e levar em conta que, todos os dias, uma parcela generosa do seu tempo, inevitavelmente, será destinada ao atendimento de rotinas (*o que temos para hoje?*) e a busca de soluções para crises, interrupções e imprevistos (*o que temos para ontem?*).

A boa notícia é que basta uma modesta fração de tempo para atender com louvor nossa cota de contribuição diária com projetos e resultados para o futuro.

TEMPO PARA PROJETOS E RESULTADOS PARA O FUTURO

Mas de quanto tempo estamos falando, afinal? O respeitado consultor de negócios romeno, Joseph Moses Juran (1904–2008), afirma, categoricamente, que 80% dos nossos resultados são consequência de apenas 20% do nosso esforço ou, na visão deste livro, do nosso tempo. A Lei de Pareto ou

Princípio 80/20 foi proposta por Juran, em 1941, em homenagem ao economista italiano, Vilfredo Pareto (1848–1923), que, em 1906, observou que 80% da riqueza da Itália pertenciam a 20% população.

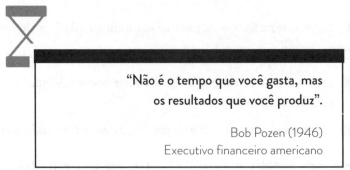

"Não é o tempo que você gasta, mas os resultados que você produz".

Bob Pozen (1946)
Executivo financeiro americano

Na prática, o princípio 80/20 é muito mais abrangente e versátil. Ele comprova estatisticamente que 80% das consequências, resultados ou recompensas decorrem de 20% das causas, contribuições ou esforços nos mais curiosos e diversos cenários, desde a venda de pizzas e Big Mac's até distribuição da população mundial e o domínio de um idioma.

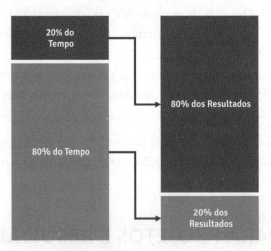

Ilustração 16 – Lei de Pareto ou Princípio 80/20

Na verdade, a equação 80/20 serve apenas como referência para ilustrar a relação desproporcional e insistente entre causa e efeito. Outras equações de maior para menor, como 90/10, 70/30 e 60/40 são igualmente válidas e frequentes. Veja alguns exemplos interessantes a seguir:

- 80% do faturamento de alguns restaurantes e fast-foods normalmente corresponde a venda de 20% dos itens do cardápio. As coberturas de quatro queijo, portuguesa, mozarela e calabresa representam, em média, 74,7% dos pedidos mais frequentes nas pizzarias. Apenas um item do cardápio, o icônico e imbatível Big Mac, representa, aproximadamente, 20% do faturamento da rede de fast-foods McDonald's.

- Aproximadamente 80% da população mundial está concentrada em 20% das cidades e territórios. Somente a Ásia, que corresponde a um terço da superfície dos continentes, abriga 60% da população mundial.

- Segundo o compêndio *Ethnologue*, o maior inventário de línguas do planeta, o mandarim, é o idioma mais falado do mundo, com cerca de 885 milhões de falantes nativos e mais outros 120 milhões que adotaram o idioma como segunda língua. Em todo mundo, uma a cada sete pessoas fala mandarim. Em segundo lugar aparece o hindi, a língua oficial da Índia, com cerca de 500 milhões de falantes. O espanhol vem em terceiro lugar e o inglês em quarto. Atualmente, existem mais de 6.000 idiomas e dialetos.

- Uma pesquisa da Victoria University of Wellington afirma que as duas mil palavras mais frequentes do idioma inglês estão presentes em 80% de todos os textos ou diálogos. Em média, um americano nativo, com nível superior, tem um vocabulário de dez mil palavras. Ou seja, com um acervo de apenas 20% do vocabulário de um falante nativo é possível compreender 80% do contexto de qualquer texto ou conversa informal em inglês.

- Ainda hoje, um dos melhores exemplos da relação desproporcional entre causa e efeito é a distribuição da riqueza no mundo. Segundo um estudo de 2017, da organização não governamental britânica Oxfam, baseado em dados do banco Credit Suisse, apenas 1% da população global detém a mesma riqueza dos 99% restantes. Olhando de perto, os dados são ainda mais desconcertantes. Apenas oito bilionários possuem a mesma riqueza que as 3,6 milhões de pessoas mais pobres do mundo.

- 90% dos acidentes de trânsito ocorrem por apenas dois motivos, imprudência e excesso de confiança. E, 30% dos acidentes de carro acontecem perto de casa ou em trajetos habituais.

- Segundo o Banco Central, apenas quatro bancos, de um total de aproximadamente 50, concentram 74,5% dos ativos das instituições financeiras no Brasil. A mesma taxa de concentração se repete nas agências espalhadas pelo país. De cada 100 agências, 75 pertencem ao grupo dos quatro grandes, ou seja, Banco do Brasil, Caixa Econômica Federal, Bradesco e Itaú. Tem mais: Itaú, Bradesco, Banco do Brasil, Caixa Econômica Federal e Santander respondem, juntos, por R$4,00 de cada R$5,00 movimentados no país.

- Meu trabalho, como palestrante, é outro exemplo prático do Princípio 80/20. Em 2010, criei minha empresa, a Academia do Tempo. E decidi concentrar meu portfólio em apenas três conteúdos: administração do tempo, reuniões eficazes e gerenciamento de estresse. Apesar dos temas reuniões eficazes e gerenciamento de estresse terem uma boa demanda, cerca de 70% do meu faturamento é resultado apenas dos contratos de cursos e palestras sobre administração do tempo.

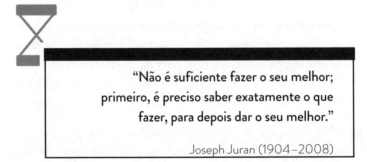

"Não é suficiente fazer o seu melhor; primeiro, é preciso saber exatamente o que fazer, para depois dar o seu melhor."

Joseph Juran (1904–2008)

Evidente que Juran também se refere a parcelas de 20% de tempo bem empregados. Não espere grandes resultados dedicando 20% da sua vida aos vídeos do Porta dos Fundos no YouTube, ou desafios e recordes no Candy Crush. Nestes exemplos, é mais provável que você conquiste apenas a fama de desocupado ou ganhe uma tendinite.

Sendo assim, de acordo com Pareto e Juran, para concluir grandes projetos e alcançar resultados extraordinários, não é preciso dedicar 24 horas do seu dia a escrever um livro ou estudar alemão. Por mais improvável ou absurdo que pareça, apenas 20% do tempo são mais do que suficientes. Estes 20% representam, mais ou menos, uma hora e meia de uma jornada de trabalho de oito horas ou três horas de um dia (de 16 horas).

É claro que, quanto mais tempo você dedicar ao bloco de projetos da sua lista de tarefas diária, melhor. Você vai concluir a autoria do livro antes e dominar o idioma de Beethoven e Ângela Merkel em menos tempo. Por outro lado, aceite com naturalidade que as rotinas e os imprevistos vão mesmo consumir os 80% de tempo restantes da sua agenda.

Na prática, isso representa, em uma jornada de trabalho de oito horas, aproximadamente o seguinte: uma hora e meia ou um pouco mais trabalhando em um, dois ou três projetos importantes, e mais seis horas e meia, ou um pouco menos, participando de reuniões, preenchendo relatórios, ligando para clientes, tomando café, fazendo fofoca, andando de uma sala para outra, enviando e respondendo e-mails, entre outras coisas... É a vida.

VIÉS DO AMANHÃ

Eu sei que apenas 20% do tempo parece mesmo muito pouco e entendo o seu provável ceticismo. Mas vamos ser realistas. O fato é que muitas pessoas sequer dedicam cinco minutos do seu dia para projetos. Ocupar todo o tempo disponível com crises, rotinas, *minutos cafezinho, tem quês* e outras bobagens sem importância e deixar as parcelas dos projetos para o dia seguinte é, infelizmente, um deslize muito comum e recorrente. Em tese, *o deixar para amanhã* seria apenas uma protelação de curto prazo inofensiva. O problema, como já vimos, acontece quando *o deixar para amanhã* se transforma numa sucessão de adiamentos sem fim.

Parece até que algumas pessoas alimentam a crença inocente e descabida de que amanhã teremos mais tempo do que temos hoje. O que ocorre é justamente o contrário. Se você tem, digamos, um prazo apertado para concluir a sua tese de mestrado ou declarar o seu imposto de renda a partir de amanhã, o prazo será ainda menor e você terá menos tempo do que tem hoje. Os psicólogos chamam esta ilusão de mais tempo amanhã ou de um dia seguinte maior do que o dia corrente de *viés do amanhã*. Não caia nessa.

Amanhã nem você, nem ninguém, terá mais tempo do que tem hoje. Melhor escolher hoje os modestos, porém, eficazes e poderosos 20% de Pareto a apostar na sorte e esperar um improvável amanhã menos preenchido e atribulado.

PARA PENSAR | O PRINCÍPIO 70/30

Lembre-se também que a equação 80/20 consagrou-se apenas como referência matemática de causa e efeito. Como já comentei, outras equações de maior para menor, como 70/30 e 60/40, são igualmente válidas. Abrace esse desafio. Se uma agenda 80/20 já é eficaz, imagine, então, uma agenda 70/30 ou 60/40? Quanto mais tempo você for capaz de dedicar ao campo *o que temos para manhã?*, mais resultados alcançará.

UM OU DOIS MARSHMALLOWS?

> "A única maneira de libertar-se de uma tentação é entregar-se a ela. Resista, e sua alma adoecerá de desejo das coisas que ela a si mesma se proibiu, com o desejo daquilo que suas leis monstruosas tornaram monstruoso e ilícito".
>
> Em *O Retrato de Dorian Gray*, de Oscar Wilde (1954–1900) escritor, poeta e dramaturgo irlandês

Entre o final dos anos 1960 e início dos anos 1970, o psicólogo austríaco Walter Mischel da Universidade de Stanford, na Califórnia, realizou uma série de experimentos sobre estratégias de autocontrole com um grupo de crianças entre quatro e seis anos. Um colaborador da equipe de Mischel conduzia uma criança por vez à uma sala com apenas uma mesa e uma cadeira. Em seguida, colocava um pratinho descartável com um tentador marshmallow sobre a mesa e explicava que ela poderia comer aquele marshmallow imediatamente, ou esperar quinze minutos e ganhar dois marshmallows.

Então, o colaborador saia da sala e deixava a pequena e inocente cobaia sozinha. A partir daí, as reações da criança eram filmadas com uma câmera oculta. Alguns jovenzinhos comiam a guloseima antes mesmo de o colaborador concluir as instruções ou retirar-se da sala. Outros falavam sozinhos, cantavam, tapavam os olhos com as mãos ou se escondiam debaixo da mesa, mas também não conseguiam resistir à tentação e abocanhavam o marshmallow poucos minutos depois.

Entretanto, cerca de um terço das crianças que participaram do experimento foram capazes de frear seus impulsos e ganhar dois marshmallows. Vale observar que crianças americanas adoram marshmallows. Penso que aqui no Brasil, na USP, na UFRJ ou na UNB, por exemplo, os marshmallows seriam substituídos por brigadeiros ou bombons Sonho de Valsa.

Ao longo dos anos seguintes, Mischel acompanhou o crescimento dos participantes do teste do marshmallow e, em 1989, publicou uma sequência do estudo inicial onde relatava que as crianças que foram capazes de adiar a recompensa e ganhar dois marshmallows tornaram-se adolescentes com bom desempenho escolar e, mais tarde, adultos com carreiras e casamentos bem-sucedidos. Por sua vez, entre os participantes com menos autocontrole, Mischel encontrou adolescentes problemáticos com mal comportamento na escola, envolvimento com drogas e algumas passagens pela polícia.

Até mesmo o índice de massa corporal e o condicionamento físico eram melhores no grupo dos dois marshmallows. Mischel concluiu que o autocontrole somado a uma apurada visão de futuro (considerando que 15 minutos equivalem a um futuro para lá de distante para uma criança de cinco anos confrontando um marshmallow), são características importantes para quem almeja alcançar bons resultados. Hoje, o teste do marshmallow é um dos mais conhecidos e respeitados estudos sobre disciplina, força de vontade e comportamento humano de todos os tempos.

Outro experimento semelhante, realizado desta vez com adultos, aponta para resultados bem parecidos. Saem os marshmallows, e em seu lugar, o participante da pesquisa é convidado a escolher entre ganhar 100 dólares imediatamente ou 110 dólares após 24 horas. Estatisticamente, a maior parte das pessoas prefere receber os 100 dólares agora do que os 110 dólares amanhã. Convenhamos, uma péssima escolha. Qual aplicação rende com segurança 10% ao dia?

O psicólogo cognitivo e estudioso dos processos de tomada de decisão Daniel Goldstein, afirma que vivemos eternamente em conflito com duas personalidades antagônicas. A personalidade do *eu do agora* e a do *eu do amanhã*. O *eu do agora* busca sempre as gratificações imediatas, como o prazer de comprar uma bobagem por impulso no shopping, comer um Sonho de Valsa ou enfiar o pé na jaca num rodízio de pizza.

Com disciplina e força de vontade, a personalidade do *eu do amanhã* aposta nas maiores gratificações de longo prazo como dois marshmallows ou uma alimentação mais saudável e equilibrada. Para o psicólogo, a personalidade *eu do agora* é predominante. Ou seja, a maioria das pessoas, crianças ou adultos, preferem seguir o ardente e impulsivo conselho do escritor Oscar Wilde e ceder à tentação, mesmo que antecipar a recompensa signifique menos marshmallows, menos Sonhos de Valsa, menos dinheiro ou menos saúde.

HORMÔNIO DA RECOMPENSA

As pesquisas de Mischel e Goldstein encontram respaldo também em descobertas recentes da neurociência. Hoje, é sabido e comprovado que alternância e dedicação frenética entre pequenas atividades estimula o centro de recompensas do cérebro e libera doses generosas de dopamina no organismo. A dopamina é um do neurotransmissor popularmente conhecido como hormônio da recompensa. Ou seja, cada item riscado da lista de tarefas gera uma breve sensação de realização, acompanhada de uma prazerosa e viciante dose de dopamina.

> "Abster-se do prazer que está em nossas mãos ou procurar resultados distantes e não imediatos estão entre os mais dolorosos esforços da vontade humana".
>
> Nassau William Senior (1790–1864)
> economista inglês

Isso ajuda a entender por que normalmente somos propensos a eliminar primeiro os itens mais rápidos, práticos e estimulantes da lista de tarefas, isto é, as atividades de rotina, as crises e os imprevistos (*o que temos para hoje?* e, *o que temos para ontem?*), e deixamos para depois as entediantes frações dos projetos (*o que temos para amanhã?*). A sensação de realização e dever cumprido é muito mais imediata, nítida e gratificante quando, por exemplo, quitamos um boleto ou deletamos um e-mail (rotina do campo *o que temos para hoje?*), do que quando acrescentamos apenas mais um parágrafo na tese do mestrado (fração de projeto do campo *o que temos para amanhã?*).

É como se o seu cérebro, inconscientemente, dissesse para si mesmo algo mais ou menos assim: *o boleto já está pago. Oba, dopamina! E-mail deletado. Eba! Mais dopamina! A tese só vai ficar pronta daqui uns cinco meses. Ah... que tédio...*

> "Com um pouco de açúcar até remédio é um prazer!"
>
> Refrão da canção "A Spoonful Of Sugar", em *Mary Poppins*, filme americano, de 1964, dirigido por Robert Stevenson

Observe que nestes exemplos a recompensa não é mais um marshmallow, um saboroso Sonho de Valsa ou uma valiosa nota de 100 dólares. Mas tão somente a breve sensação de prazer liberada pela dopamina quando fazemos algo insignificante e sem valor, como deletar mais um e-mail. Acontece que muitas vezes deletar e-mails e riscar atividades de rotina da lista de tarefas apenas consome tempo e não gera nenhum resultado concreto. Mas não esquente a cabeça. Nem é tão difícil assim fugir da armadilha da dopamina. Muitas vezes, como provou Walter Mischel e seus tentadores marshmallows, escolhemos o prazer imediato das pequenas atividades sem importância porque, quando olhamos para os projetos, a conclusão, bem como a dopamina, estão muito distantes.

O truque é reeducar o olhar e enxergar uma conclusão (com direito a dopamina) não só no final do projeto, mas em cada uma de suas frações. Trocar, por exemplo, o desmotivador *A tese só vai ficar pronta daqui uns cinco meses. Ah... que tédio...* pelo eletrizante e açucarado *Uh, huuu! Terminei o primeiro capítulo da tese! Dopamina!*

Note que este é mais um truque maliciosamente incorporado nos mecanismos de recompensa dos aplicativos e plataformas de ensino de idiomas. No Duolingo, ao final de cada lição, o aluno conquista algumas estrelas e desbloqueia o acesso para a próxima aula. Cada estrela conquistada equivale a uma prazerosa dose de dopamina. Simples, viciante e eficaz.

A LISTA DE TAREFAS DE IVY LEE

Conta a história que, em 1918, o magnata americano Charles M. Schwab (1862–1939), presidente da empresa de construção naval e siderurgia Bethlehem Steel Corporation, procurou o empreendedor, jornalista, consultor e pioneiro das relações públicas modernas Ivy Ledbetter Lee (1877–1934) e lançou o seguinte desafio: "Mostre-me uma maneira de fazer mais coisas". Em retribuição, o milionário prometeu pagar qualquer quantia que fosse razoável.

> "Se é seu trabalho comer um sapo, é melhor fazê-lo na primeira hora da manhã. E se é seu trabalho comer dois sapos, é melhor comer primeiro o maior".
>
> Brian Tracy (1944–) Consultor, palestrante e escritor americano, autor do bestseller Eat That Frog!: 21 Great Ways to Stop Procrastinating and Get More Done in Less Time (Coma esse sapo!: 21 ótimas maneiras de parar de procrastinar e obter mais coisas em menos tempo, em tradução livre. Editado no Brasil pela Editora Sextante, com o título Comece pelo mais difícil)

O consultor, então, pediu que o magnata agendasse uma breve reunião de quinze minutos com seus principais executivos. No dia agendado, Ivy Lee apresentou para Schwab e sua equipe seu método de produtividade de cinco passos:

- 1º passo – No final de cada dia de trabalho, anote as seis coisas mais importantes que você precisa realizar amanhã. Nunca mais do que seis itens.
- 2º passo – Em seguida, coloque esses itens em ordem de importância. Do mais importante para o menos importante.
- 3º passo – No dia seguinte, comece o dia executando a primeira tarefa. Não avance para a segunda tarefa antes de concluir a primeira.
- 4º passo – Siga realizando os itens restantes da lista. Inclua na lista do dia seguinte os itens que eventualmente não foram atendidos.
- 5º passo – Faça isso todos os dias.

Schwab e seus executivos apostaram na eficácia do método e seguiram as recomendações de Ivy Lee durante algumas semanas. Três meses depois,

Charles Schwab enviou ao consultor um cheque de U$25.000. O empresário dizia que este foi o melhor método de produtividade que ele conheceu em toda a sua carreira[1].

Observe que, em sua escandalosa simplicidade, o método de Ivy Lee reforça algumas importantes ideias que já apresentei neste livro.

O limite de seis atividades mais importantes (que bem que poderiam ser quatro, cinco ou até mesmo uma) resgata disfarçadamente o Princípio de Pareto. É de ser esperar que as quatro, cinco ou seis atividades mais importantes da lista de tarefas de Ivy Lee coincidam com as atividades de alto potencial de resultados de Pareto. A lista de Ivy Lee, que eu também gosto de chamar de lista mínima, equivale aos 20% de atividades com alto potencial de resultados do Princípio de Pareto, ou ainda, no Método Einstein, ao campo *o que temos para amanhã?*

O método ainda prevê que as tais atividades importantes sejam eleitas e relacionadas sempre numa pequena lista ao final do dia. Já tratamos sobre os benefícios de planejar e começar o dia com uma série de decisões tomadas quando apresentei a lista de tarefas e comentei sobre o paradoxo da escolha e a fadiga da decisão.

Para finalizar o método, recomenda-se enfaticamente que as atividades importantes sejam atendidas no início do dia, logo depois de uma boa noite de sono, um café da manhã saudável e antes de qualquer outra coisa menos importante, como verificar e-mails e participar de algumas reuniões.

Observe que neste ponto, Ivy Lee coloca um pé na gestão do tempo e outro na gestão da energia. Há quem defenda, como o já citado consultor americano Tony Schwartz, que a melhor gestão de tempo acontece em sintonia com os picos de energia e disposição. A proposta é sincronizar a agenda com inteligência e bom senso, isto é, o relógio cronológico com o relógio biológico. Começar o dia com as atividades mais complexas e que demandem mais atenção, e deixar para mais tarde as atividades rotineiras, mecânicas e de menor importância.

---

1   Fonte: *The Unseen Power: Public Relations, a History*, de Scott M. Cutlip, e *Courtier to the Crowd*, de Ray Eldon Hiebert.

É evidente também que, pelos mais diversos motivos, você não será capaz de atender primeiro as demandas do campo *o que temos para manhã?* todos os dias. Não se atormente com isso.

No exemplo a seguir, por conta dos horários dos voos de ida e regresso para São Paulo, comecei meu dia com reuniões e compromissos do campo *o que temos para hoje?* na cidade de Vitória, e deixei para mais tarde as demandas do campo *o que temos para amanhã?*.

Não é o melhor arranjo, mas é natural que isso aconteça uma vez ou outra.

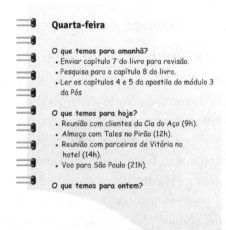

Ilustração 17 – Exemplo de Lista de Tarefas Diária

VOCÊ É MATUTINO OU VESPERTINO?

Algumas pessoas, as matutinas, preferem dormir e acordar cedo, enquanto as vespertinas preferem dormir e levantar tarde. A ciência, a propósito, divide a humanidade em três diferentes cronótipos. Além dos matutinos e dos vespertinos, existem também os indiferentes, isto é, aqueles que se adaptam com mais facilidade a qualquer um dos períodos, manhã ou tarde. Segundo pesquisas, aproximadamente 9% das pessoas são matutinas, 9% são vespertinas; enquanto os indiferentes representam os 82% restantes. Começar o dia com foco nas atividades mais importantes é uma excelente estratégia para os matutinos e indiferentes, mas pode ser um grande desafio, ou mesmo uma péssima escolha, para os vespertinos.

A jornada de trabalho padrão das 8h às 18h cai como uma luva para o relógio biológico (tecnicamente chamado de *ciclo circadiano*) dos matutinos e indiferentes, mas é um castigo para os vespertinos. Os vespertinos não só reclamam de ter que acordar cedo, como também sofrem para serem produtivos pela manhã. Felizmente, estamos caminhando na direção de novas formas de trabalho e distribuição de tempo, como as jornadas de trabalho flexíveis e o teletrabalho. Bom para os vespertinos.

QUER DESCOBRIR QUAL PERÍODO DO DIA VOCÊ É MAIS PRODUTIVO? FAÇA O EXPERIMENTO A SEGUIR:

Abra uma caixa de fósforos e esparrame todos os fósforos sobre uma mesa. Em seguida, recoloque todos os fósforos na caixa com as cabeças viradas para o mesmo lado, usando apenas o polegar e o indicador. Use a mão esquerda se for destro ou a mão direita se for canhoto. Cronometre o tempo que levar para colocar todos os fósforos de volta e anote o resultado. Repita esse desafio a cada três ou quatro horas durante cinco dias de segunda a sexta. Registre numa pequena planilha os horários e dias de cada rodada. Compare os resultados obtidos para descobrir em que período do dia você é mais produtivo.

> "Uma das principais causas de fracasso no mundo é a falta de concentração. A atenção é como a luz de uma lanterna: quando seus raios são espalhados em uma área vasta, sua habilidade de focalizar um único objeto se torna fraca, mas se focalizado em uma coisa de cada vez, torna-se poderosa. Grandes homens são os de concentração: eles investem todo o poder mental em uma coisa de cada vez".
>
> Paramahansa Yogananda (1893–1952)
> Filósofo hindu

Entretanto, a lista mínima de Ivy Lee, bem como a execução fracionada dos projetos do campo *o que temos para amanhã?* do Método Einstein, enfrentam um grande desafio. Não convém dispersar o foco e a atenção em várias atividades simultâneas, sobretudo nas muitas vezes complexas e desafiantes frações dos projetos. Por outro lado, desde o advento da internet e do desenvolvimento exponencial da tecnologia, observado a partir dos anos 1990, manter o foco e a concentração são habilidades cada vez mais raras e preciosas, principalmente para os profissionais das gerações Y e Z.

A palavra foco tem sua origem no latim *focus*, e significa fogo ou lume. Foi somente no século XVII que o astrônomo e matemático alemão Johannes Kepler (1571–1630), reconhecido por importantes contribuições para o estudo e desenvolvimento da ótica, passou a usar a palavra foco no sentido matemático para, por analogia, expressar *o ponto para o qual converge alguma coisa*. O feixe de um raio laser, por exemplo, é extremamente focado, enquanto as múltiplas tiras de luz de um globo espelhado são dispersas.

As pessoas focadas estilo "raio laser", contudo, parecem estar em extinção. Vivemos na era das demandas sem fim e do alto desempenho, onde se espera que cada vez menos pessoas realizem cada vez mais em menos tempo. Mas qual é a solução para esse desafio? Como tocar em frente dois, três ou quatro grandes projetos simultâneos e dar conta de uma agenda cada vez maior e atribulada sem dilatar a jornada de trabalho ou se tornar refém das atividades domésticas?

A resposta da moda parece óbvia e bastante razoável: multitarefar, ou seja, emparelhar várias atividades simultâneas, como a profissional, com jeitão de polvo e cheio de braços da ilustração a seguir.

Ilustração 18
– O Mito do Multitarefa

E essa solução seria mesmo uma boa alternativa, desde que os resultados fossem realmente bons. Entretanto, essa estratégia passa longe de resolver com eficácia o desafio das agendas superlotadas.

A origem do termo multitarefa vem da informática. Dos processadores e sistemas operacionais cada vez mais poderosos e sofisticados. Não demorou muito para o conceito ser adotado pelos inconsequentes defensores da produtividade a qualquer custo. Hoje, é mais comum encontrar o termo multitarefa em equivocados anúncios de emprego, currículos e descrições de cargo do que em manuais e informativos técnicos de computadores, tablets e smartphones. Passamos a alimentar a crença descabida de que somos tão capazes de multitarefar quanto um processador Intel. Isso é bobagem.

Na verdade, até mesmo os mais potentes sistemas operacionais e processadores apenas simulam o efeito de multiprocessamento. Segundo o dicionário Aurélio, o termo multitarefa é relativo à capacidade que têm alguns sistemas operacionais de simular o processamento simultâneo de mais de uma tarefa, graças à divisão do tempo do processador, entre elas. Faça um teste. Observe que quanto maior é a quantidade de programas simultâneos abertos em seu notebook ou PC, menor e mais lento é o seu desempenho. Somente os equipamentos com dois ou mais processadores realizam várias atividades simultâneas sem perda de desempenho.

"Há tempo suficiente para tudo, no decorrer do dia, se você fizer uma coisa por vez; mas não há tempo suficiente no ano, se você fizer duas coisas por vez".

Philip Stanhope (1694–1773)
4º Conde de Chesterfield

De uma hora para outra, a concepção do profissional multitarefa, isto é, do profissional que é (supostamente!) capaz de realizar com competência duas, três ou mais atividades ao mesmo tempo, caiu no agrado de muitos gestores. Hoje, muitas empresas equivocadas procuram recrutar um hipotético exército de profissionais multitarefas. Eu mesmo já fui procurado por uma dessas empresas.

Certa vez, o diretor de RH de uma grande rede de farmácias pediu insistentemente que eu apresentasse uma proposta para um curso que, entre outras coisas, ensinasse seus gerentes a multitarefar com eficácia durante suas reuniões. Perdi meu tempo.

Em uma pesquisa realizada nos Estados Unidos, por exemplo, 42% dos profissionais entrevistados admitiram multitarefar ao longo de praticamente todas as reuniões. Não importa onde e quando, o multitarefa enxerga a si mesmo como um exímio malabarista capaz de sempre adicionar mais uma bola, argola ou adaga na sua performance circense. Para ser bem sincero, alguns estudos de neurociência estimam que aproximadamente 2% da população seja, de fato, capaz de multitarefar com relativo sucesso (ênfase em relativo).

Por outro lado, é evidente que, para todos, a taxa de eficácia cai de acordo com a quantidade de tarefas simultâneas. Tentar executar três ou mais atividades ao mesmo tempo é muito mais desafiador do que emparelhar apenas duas atividades simples, como ler o jornal e tomar o café. Via de regra, a adição de uma terceira atividade paralela é uma receita infalível para o desastre e um jornal encharcado de café. O problema é que todo multitarefa amador tem a convicção de que faz parte desse reduzido e seleto grupo de multitarefas superdotados.

O fato é que não somos biologicamente capazes de realizar com eficácia duas ou mais tarefas complexas de uma só vez. Você pode, por exemplo, até acreditar que está digitando uma mensagem no smartphone e dirigindo ao mesmo tempo, mas, na realidade, você está apenas alternando sua atenção freneticamente entre duas atividades.

É como um macaco pulando de um galho para outro. Ele jamais estará em dois galhos diferentes ao mesmo tempo. Enquanto digita ou lê mensagens, você, literalmente, não está dirigindo. Seu carro está seguindo em frente sozinho, no piloto automático, enquanto você dá atenção para seu grupo de colegas da faculdade no WhatsApp.

Smartphone e volante são galhos bem diferentes e bem distantes. Os resultados, como você sabe, podem ser trágicos. Um motorista precisa de aproximadamente 0,75 segundos para reagir diante de um imprevisto, como um redutor de velocidade, uma bola, um pedestre ou um ciclista. Por outro lado, digitar apenas uma letra ou enviar um *emoji* pelo WhatsApp consome pelo menos um segundo.

Parece pouco, entretanto, um estudo da instituição inglesa RAC Foundation alerta que o envio de mensagens pelo smartphone é capaz de retardar o tempo de reação do motorista em até 35%. Este percentual é muito superior aos 12% de atraso de resposta provocados pelo álcool. Sendo assim, podemos concluir que, de certo modo, multitarefar ao volante é três vezes mais arriscado do que dirigir embriagado!

Não para por aí. Em 2009, o professor e pesquisador americano, Clifford Nass (1958–2013), da Universidade de Stanford, na Califórnia, conduziu um experimento que envolvia a conclusão de uma série de desafios envolvendo a alternância intensa entre diferentes atividades, como também alguns desafios de dedicação exclusiva. Participaram do experimento 262 estudantes universitários divididos em dois grupos identificados por estilos diferentes.

Aproximadamente metade dos participantes eram multitarefas confessos, enquanto os outros alunos se apresentavam como monotarefas dedicados. Nass e seus colegas esperavam que os estudantes multitarefas superassem os colegas monotarefas pelo menos nas atividades multitarefas. Eles acreditavam que a neuroplasticidade, isto é, a comprovada capacidade que o cérebro possui de remodelar e reformular suas conexões em função das experiências da pessoa, suas necessidades e meio ambiente contribuiria para o aprimoramento da habilidade de multitarefar[2].

---

2 Um dos estudos que comprova os efeitos da neuroplasticidade foi conduzido em 2006 por uma equipe de pesquisadores liderada pela neurocientista irlandesa e professora de neurociência cognitiva Eleanor Maguire, do Instituto de Neurologia da Universidade College, em Londres. Maguire e sua equipe descobriram que os motoristas de táxi londrinos desenvolveram mais substância cinzenta em uma área relativa ao hipocampo do que os motoristas de ônibus por conta de seu conhecimento espacial espantoso das labirínticas ruas de Londres.

Entretanto, Nass e sua equipe ficaram surpresos com os resultados do experimento. Os estudantes com estilo multitarefa tiveram um desempenho ligeiramente inferior aos estudantes predominantemente focados em todas as tarefas, inclusive nos desafios que estimulavam a alternância intensa entre atividades, ou seja, nos desafios multitarefa. Os resultados do estudo de Nass desafiam a crença popular que afirma que a prática leva à perfeição. É como se os efeitos da neuroplasticidade atuassem de forma distorcida sobre o cérebro, consolidando hábitos negativos, e consequentemente causando um uso menos eficaz da mente.

Multitarefando ou não, os estudantes multitarefa tendem a se concentrar cada vez menos e divagar cada vez mais. Ou seja, esse estudo, como tanto outros, comprova que não é biologicamente possível desenvolver a habilidade de multitarefar com eficácia. O cérebro é fantástico, mas ele só é capaz de realizar, com competência, apenas uma tarefa complexa por vez. Outros estudos alertam também que, a longo prazo, o hábito de multitarefar, além de reduzir a pontuação do QI, pode ser mais danoso para o cérebro que o uso frequente da maconha. Multitarefar literalmente emburrece.

MEMÓRIA E ATENÇÃO

David Meyer, cientista cognitivo e diretor do Laboratório de Cérebro, Cognição e Ação da Universidade de Michigan, afirma também que o comportamento multitarefa pode interferir na memória de curto prazo. "Sempre que você está tentando fazer várias tarefas, você tem menos atenção disponível para armazenar memórias", diz ele. Por exemplo, uma pessoa que lê um e-mail enquanto conversa ao telefone terá dificuldade em processar e manter qualquer informação, seja do e-mail, do telefonema ou de ambos. Provavelmente, após a ligação, essa pessoa terá que reler o e-mail ou talvez até mesmo fazer uma nova ligação para resgatar detalhes importantes da conversa.

Quantas vezes você esqueceu ou não reteve uma informação enquanto tentava conversar com alguém da família e assistir um programa na televisão ao mesmo tempo?

CUSTO DE TROCA

Some a isso tudo o custo de troca, isto é, o tempo desperdiçado durante a alternância frenética entre várias atividades, ou resgatando minha analogia, o tempo que um macaco leva saltando de um galho para outro. Embora muitas vezes o custo de troca represente apenas alguns décimos de segundo, o prejuízo pode ser significativo e representar grandes quantidades de tempo para pessoas multitarefas que alternam entre tarefas a todo momento. "Fazer várias tarefas, simultaneamente, pode parecer mais eficiente, e de fato seria, se uma pessoa tivesse mais de um cérebro. No mundo real, o multitarefa desperdiça tempo e reduz a qualidade do trabalho", alerta Meyer.

Em média, o custo de troca gera um consumo extra de 40% de tempo. Ou seja, imagine que você leve 60 minutos para realizar três tarefas distintas, uma por vez. Multitarefando, isto é, alternando freneticamente entre as três, seriam necessários, mais ou menos, 84 minutos para dar conta do mesmo volume de trabalho.

Mas não é só no ambiente de trabalho que o excesso de tarefas e, consequentemente, o estilo multitarefa marcam presença e causam estragos. Principalmente para as mulheres casadas e com filhos, o emparelhamento e a alternância frenética entre tarefas domésticas e os cuidados com a família são quase tão estressantes e hostis quanto os desafios da jornada de trabalho. Encontrar, digamos, uma mãe na fila do supermercado com um nenê no colo e o celular equilibrado nos ombros é uma cena quase tão corriqueira quanto surpreender profissionais de uma grande rede de farmácias multitarefando durante uma reunião.

É inegável que a desigualdade de gênero no trabalho e em casa está cada vez menor, e, que os pais e maridos estão cada vez mais dividindo as tarefas domésticas com as esposas. Entretanto, ainda hoje, a chamada dupla jornada é muito mais desafiadora e desgastante para as mulheres com filhos do que para os homens. Há exceções, mas, de modo geral, os pais ainda dedicam menos horas aos filhos e às tarefas domésticas do que as mães.

Algumas pesquisas estimam que as mulheres, em média, trabalham em casa dez horas por semana a mais que os homens, seja cozinhando, cuidando dos filhos ou atendendo uma lista descomunal de tarefas domésticas. Enquanto no ambiente corporativo as mulheres multitarefam tanto quanto os homens, sem distinção de gênero, em casa elas costumam multitarefar durante o dobro do tempo. Não é à toa que o senso comum afirma, equivocadamente, que as mulheres multitarefam com mais habilidade que os homens.

Na realidade, essa ideia é apenas mais uma faceta perversa do mito do multitarefa. Segundo um estudo conduzido por pesquisadores da Universidade de Bergen, na Noruega, as mulheres não têm motivos para se considerarem mais eficazes que os homens quando tentam emparelhar várias atividades ao mesmo tempo. Neste experimento, 66 mulheres e 82 homens, entre 18 e 60 anos, foram desafiados a conciliar demandas conflitantes e simultâneas, como organizar uma sala de reuniões, atender o telefone e encontrar as pilhas do controle remoto do projetor multimídia.

A diferença de desempenho entre homens e mulheres foi irrelevante. Na prática, as mulheres são, na verdade, as maiores vítimas dos efeitos nocivos do hábito de multitarefar.

Mais um detalhe. Não faça confusão entre profissionais (supostamente) multitarefas com profissionais (comprovadamente) polivalentes. Há aqueles que *tentam fazer várias coisas ao mesmo tempo*, como existem também os profissionais *capazes de fazer várias coisas*. São personagens bem distintos. Quem tenta, em vão, fazer mais rápido e com competência várias demandas ao mesmo tempo são os multitarefas. Como demonstrei, os multitarefas não são mais produtivos. Pelo contrário. Os multitarefas não só desperdiçam tempo, como fazem entregas de baixa qualidade. Por outro lado, as estruturas hierárquicas mais enxutas e com menos níveis valorizam cada vez mais os profissionais versáteis ou polivalentes capazes de assumir várias frentes e responsabilidades diferentes. Nada contra os profissionais polivalentes.

Num *fastfood*, por exemplo, é comum encontrar um gerente polivalente fritando batatas *ou* atendendo no caixa. Imagine agora um gerente multitarefa tentando fritar batatas *e* atender no caixa ao mesmo tempo. Está aí uma receita garantida para batatas encharcadas e uma quebra no caixa.

QUATRO DICAS INFALÍVEIS PARA COMBATER O ESTILO MULTITAREFA

1 | TÉCNICA DO POMODORO

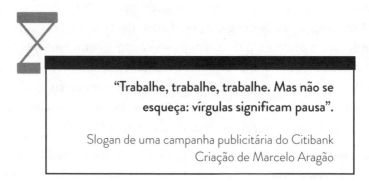

> "Trabalhe, trabalhe, trabalhe. Mas não se esqueça: vírgulas significam pausa".
>
> Slogan de uma campanha publicitária do Citibank
> Criação de Marcelo Aragão

Provavelmente, o método mais popular e consagrado para combater o comportamento multitarefa e investir no foco e na concentração é a técnica do Pomodoro, criada em 1980, pelo então estudante universitário italiano Francesco Cirillo.

Um simpático timer de cozinha em forma de tomate (*pomodoro* em italiano, daí o nome da técnica) e uma boa dose de criatividade eram os únicos recursos que o jovem tinha em mãos quando decidiu aprimorar seu poder de concentração. A moda pegou. Eu mesmo abusei desse método enquanto escrevia este livro.

Atualmente, Francesco Cirillo é um requisitado palestrante, CEO da Cirillo Company[3] e autor do livro *A Técnica Pomodoro: O sistema de gerenciamento de tempo que transformou o modo como trabalhamos*.

---

3 Fonte: http://cirillocompany.de/

Ilustração 19 – A Técnica do Pomodoro

A receita é simples.

1. Escolha uma atividade que demande concentração, como estudar para uma prova, trabalhar num projeto, elaborar um relatório, programar uma viagem ou planejar um evento.

2. Programe o temporizador do seu smartphone para 25 minutos. Não invente. Por padrão, um período pomodoro sempre dura 25 minutos. Se preferir, você pode fazer o download dos aplicativos *Pomodoro Timer* ou *Focus Timer*. Ambos são bem interessantes e compatíveis com o Android e IOS. O site www.tomatoid.com é outra boa opção on-line. Você pode também encontrar o timer original em forma de tomate que serviu de inspiração para Francesco Cirillo em uma loja de utilidades domésticas, ou em portais de e-commerce como a Amazon ou o Mercado Livre. Eu tenho um que ganhei de um aluno da empresa de consultoria de gestão e serviços de tecnologia Accenture. Guardo ele com muito carinho, mas confesso que nunca uso. Ironicamente, o som do tique taque é irritante e atrapalha a minha concentração!

3. Em seguida, programe o toque do celular para o modo silencioso e desabilite o alerta sonoro dos e-mails, do WhatsApp e das redes sociais. Entre no modo off-line e trabalhe concentrado na tarefa escolhida até que o timer dispare. Seus colegas, e-mails, mensagens e telefonemas podem esperar alguns minutos. Mas atenção: reinicie o timer e recomece o período pomodoro do zero sempre que surgir

uma interrupção realmente inevitável. Meio tomate não vale. Neste ponto, a técnica é bem rígida. Jamais pause o timer e recomece um período pomodoro pela metade. A proposta é investir na construção de um novo hábito e exercitar seu cérebro a trabalhar em intervalos de concentração com a mesma duração e intensidade sempre.

4. Após os 25 minutos, faça uma breve pausa de 5 minutos. Note que responder um e-mail, ligar para um cliente ou entrar no grupo do WhatsApp da empresa não contam como pausa. A proposta é aproveitar esses 5 minutos para esvaziar a mente e recarregar a energia. Algumas sugestões: faça um alongamento ou uma pequena caminhada; brinque um pouco de basquete com uma bolinha de papel e seu cestinho de lixo; leia uma revista em quadrinhos; feche os olhos e respire profundamente por alguns minutos; coma uma fruta ou apenas levante da sua mesa; vá até a copa e tome um copo de água. Pessoalmente, considero que a grande sacada da técnica do pomodoro é esse intervalo de 5 minutos. Não somos como máquinas e computadores que são capazes de trabalhar por horas, ou mesmo dias, sem parar. Alternar os ciclos de entrega e reposição de energia com pequenos intervalos regulares não só alavanca a produtividade como também faz bem para a saúde. O corpo e a mente precisam de pausas. Manter o foco numa única atividade demanda muita energia. Manter a mente concentrada gera um consumo extra entre 5% a 10% de energia[4]. Ao intercalar sistematicamente 25 minutos de concentração com 5 minutos de descanso, Francesco Cirillo equilibra com eficácia e simplicidade os momentos de consumo extremo e renovação de energia.

---

4 Em meados da década de 90, estudos conduzidos pelo neurologista americano Marcus Raichle, da Washington University, em Saint Louis, no Missouri, demonstraram que o cérebro humano adulto corresponde a apenas 2% do corpo, mas consome mais de 20% das suas reservas de energia. Para poupar energia durante uma leitura, por exemplo, inconscientemente, perdemos o foco e divagamos durante 20% a 30% do tempo.

5. A cada quatro períodos pomodoro faça uma pausa maior, de 30 minutos[5]. Não tenha pressa. Comece com um período pomodoro por dia e vá aumentando a quantidade de períodos gradativamente. De fato, eu defendo que apenas quatro ou seis períodos pomodoro, no início da sua jornada de trabalho, são mais do que suficientes para alavancar exponencialmente sua produtividade. Observe que a soma de quatro períodos pomodoro equivale a duas horas ou seja, os 20% de tempo da jornada de trabalho capazes de gerar 80% de resultados anunciados pelo Princípio de Pareto. Os italianos Francesco Cirillo e Vilfredo Pareto formam uma boa dupla.

6. Se for necessário, vença a resistência inicial de se manter 25 minutos focado num período pomodoro dizendo a si mesmo que permanecerá focado por apenas 10 minutos. De acordo com a psicoterapeuta Amy Morin e autora do livro *13 coisas que as pessoas mentalmente fortes não fazem*, 90% das pessoas ganham ritmo e continuam trabalhando após os primeiros 10 minutos de concentração.

CESTA DE TOMATES

Outra boa sugestão adotada pela equipe de engenharia da Voith do Brasil, uma grande indústria de engenharia mecânica com operações mundiais e sede em Heidenheim, na Alemanha, e batizada de Deep Work, uma referência ao livro de mesmo nome do consultor americano Cal Newport, equivale a técnica do pomodoro a granel. Uma cesta de tomates. Todos os dias,

---

5 Um estudo da Universidade de Havard comprovou que um breve cochilo entre dez minutos a meia hora pode aumentar o poder de foco e a capacidade de memória, bem como diminuir o estresse e a fadiga. Eu mesmo conheço vários profissionais extremamente produtivos que trabalham em regime de teletrabalho ou home office que não dispensam um cochilo diário. Alguns dos meus clientes oferecem também espaços para descanso e descompressão com sofás ou poltronas reclináveis. Durante o intervalo de almoço dos meus cursos, costumo voltar para a sala um pouco mais cedo apenas para ficar sentado com os olhos fechados durante cinco ou dez minutos. É revigorante. Fica a sugestão. Nos cochilos, tome apenas o cuidado de não ultrapassar os 30 minutos e entrar em sono profundo. Dormir e cochilar são coisas bem diferentes. Dormir durante o dia, e principalmente depois do almoço, pode prejudicar o sono da noite, bem como deixar você abobado durante o resto do expediente.

das 14h às 15h30, não só um ou dois guerreiros solitários, mas todos dos membros das equipes de engenharia da multinacional alemã retiram os telefones do gancho, desligam os celulares (ou colocam no modo silencioso) e alteram o status do Lync (ferramenta de comunicação interna) para *não perturbe*. Se um pomodoro já é bom e contribui para o aumento do foco e da produtividade, imagine uma cesta cheia deles?! Para fechar o cerco, as visitas e reuniões com o pessoal da engenharia são desestimuladas no período de foco e imersão. Eventuais urgências são direcionadas para um colaborador que se encarrega de fazer uma triagem criteriosa. Apenas as urgências realmente importantes podem furar o esforço de concentração profunda dos bravos engenheiros da Voith.

Observe ainda que métodos como o Pomodoro ou o Deep Work não só estimulam o foco e a concentração, como também contribuem significativamente para atenuar os efeitos negativos de outra grande encrenca, sobretudo, do ambiente de trabalho: as distrações e interrupções constantes.

Um estudo conduzido por Gloria Mark, professora e pesquisadora do departamento de informática da Universidade da Califórnia, identificou que cerca de 82% de todo o trabalho interrompido é retomando no mesmo dia. Isso é bom. Entretanto, levamos, em média, 23 minutos e 14 segundos para retornar à atividade anterior. Isso é péssimo.

Em outra experiência, Gloria e alguns colegas limitaram o acesso às caixas de e-mails de um grupo de funcionários de uma empresa nos arredores da universidade durante alguns períodos do dia. Os resultados foram surpreendentes. Monitores cardíacos colocados nos voluntários mostraram uma considerável queda nos níveis de estresse. Os voluntários ainda declararam que, sem acesso constante aos e-mails, eles alternavam menos entre as telas do computador e, portanto, se concentravam mais em determinadas atividades.

Francesco Cirillo ainda alerta que além das interrupções e distrações externas, enfrentamos também as nossas próprias distrações e interrupções internas, que vão desde a vontade traquina e incontrolável de deixar aquele projeto importante de lado apenas para dar uma espiadinha (supostamente) rápida nas redes sociais até o impulso de parar de estudar para ligar para os amigos e confirmar o churrasco no sábado. Para ele, as distrações e interrupções internas, que surgem na mente, são tão ou até mais prejudiciais que as externas.

Para complicar, smartphones e plataformas como o Facebook e o Instagram, por exemplo, usam artimanhas e truques maquiavélicos, como a barra de rolagem infinita do Facebook ou os alertas de nova mensagem do WhatsApp, que comprovadamente distraem e viciam mais do que o álcool ou a nicotina. Para lidar com o ímpeto de se atirar de cabeça nas redes sociais e preservar a integridade dos períodos pomodoro de foco e concentração, o consultor recomenda manter um bloco de anotações à mão e seguir anotando as distrações e interrupções internas assim que elas se formarem na mente.

Ou seja, anote que quer ligar para os colegas, mas não ligue. Siga estudando ou trabalhando no projeto até o fim do período pomodoro. Em seguida, se for o caso, use os cinco minutos de descanso do método para ligar para os amigos, confirmar o churrasco ou passear nas redes sociais.

2 | MODO MONGE

No final de 2006, cansada das distrações e interrupções frequentes em sua casa, a escritora britânica J.K. Rowling arrumou algumas malas e hospedou-se com seu notebook na suíte 522 no luxuoso Hotel Balmoral em Edimburgo, na Escócia, e por lá ficou até o início de 2007, quando finalmente concluiu o livro *Harry Potter e as Relíquias da Morte*, último episódio da saga de Harry James Potter, o jovem e intrépido aprendiz de magia da Escola de Hogwarts.

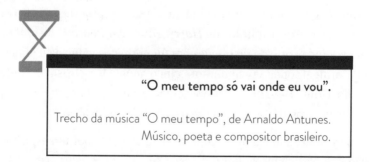

"O meu tempo só vai onde eu vou".

Trecho da música "O meu tempo", de Arnaldo Antunes.
Músico, poeta e compositor brasileiro.

Hoje rebatizada de J.K. Rowling Suite e com uma nova decoração assinada pela designer de interiores Olga Polizzi, que incluem detalhes como uma porta roxa com filetes dourados, uma coleção de corujas, uma cama king size da Glencraft (mesma empresa que fornece as camas da monarquia britânica) e uma suntuosa banheira clássica de mármore Carrara, a suíte com pouco mais de 17 metros quadrados acumula uma longa fila de Trouxas e Potterheads dispostos a pagar entre 1.000 e 2.500 libras por uma diária. No câmbio de janeiro de 2019, quando escrevi este capítulo, algo em torno de 5.000 a 12.000 reais.

Caso você não saiba, Trouxas, no jargão do universo fantástico de Harry Potter, são os não magos. Isto é, os seres humanos normais incapazes de fazer magia. Por sua vez, Potterheads são os fãs da série, igualmente incapazes de fazer magia, mas algumas vezes capazes de desembolsar, sem remorso ou hesitação, uma pequena fortuna para bancar uma hospedagem milionária do Balmoral e tirar uma *selfie* com a peça de decoração mais famosa e singular da exótica suíte: um busto do deus grego Hermes onde, num singelo surto de vandalismo, Rowling escreveu e assinou a mensagem: "J.K. Rowling terminou de escrever *Harry Potter e as Relíquias da Morte* neste quarto de hotel (552), em 11 de janeiro de 2007".

Quem dera pudéssemos todos, a exemplo de J.K. Rowling, fugir das distrações e interrupções e mergulhar num profundo e produtivo retiro de foco e concentração de alguns dias num simpático e exclusivo hotel da Escócia ou numa pousada em Petrópolis sempre que for necessário, seja para concluir o último romance de uma série bem-sucedida, fechar um balanço, escrever a monografia da pós-graduação ou estudar para um concurso público.

Infelizmente, esta não é uma alternativa viável para a grande maioria dos trouxas como eu e, provavelmente, você. A própria J.K. Rowling escreveu os primeiros capítulos de *Harry Potter e a Pedra Filosofal* enquanto enfrentava toda sorte de distrações em tumultuados cafés da Cidade do Porto, em Portugal, onde viveu durante cinco anos. Os retiros nas confortáveis suítes do Hotel Balmoral vieram somente depois da fortuna conquistada com os primeiros livros da série mais vendida da história.

Outra solução ainda mais impraticável, sugerida por um espirituoso Potterhead que participou de um dos meus cursos em Brasília para o TSE (Tribunal Superior Eleitoral), seria pegar emprestado a capa de invisibilidade de

Harry Potter e tentar desaparecer no meio, por exemplo, dos caóticos ambientes compartilhados que costumamos dividir com vinte e tantos colegas.

Mas não vamos nos dar por vencidos. Tenho algumas sugestões boas e viáveis que não exigem uma viagem milionária para a Escócia ou capas de invisibilidade imaginárias.

Experimente, por exemplo, se desconectar e evitar distrações durante alguns breves períodos. Desligue o celular e o telefone fixo, desabilite os alertas sonoros do Outlook e do WhatsApp, e feche todas as telas do computador que puder. Para completar o cenário, coloque uns fones de ouvido e faça de conta que está ouvindo música ou um podcast[6]. Chamo esses pequenos períodos de *momentos monge*.

A princípio, pode parecer difícil e, provavelmente, você não será capaz de fazer isso todos os dias e por longos períodos. Entretanto, mesmo alguns breves e ocasionais momentos livres de distrações e interrupções podem ser suficientes para gerar ganhos significativos de produtividade. Pode apostar, como já comentei, o mundo não vai acabar se você se desconectar e não atender o telefone ou responder mensagens por alguns minutos.

Outra boa sugestão é instalar o aplicativo Rescue Time[7] em seu computador ou notebook. O Rescue Time monitora e gera relatórios diários com o tempo gasto (ou desperdiçado!) em sites e aplicativos. O aplicativo também permite bloquear sites que só causam distração e fixar metas como, por exemplo, gastar menos de uma hora por dia processando e-mails ou divagando no Facebook.

Já para smartphones, duas boas opções são os aplicativos Focus Lock e Forest. Ambos dos aplicativos bloqueiam todas ou algumas funções do smartphone durante o período que você determinar. O Forest funciona como

---

6 Especialistas em técnicas de estudo e aprendizado afirmam que a música clássica ou instrumental pode sim estimular a foco e a concentração. Os fones de ouvido, por sua vez, contribuem para criar uma discreta e eficaz bolha de isolamento. Se você não tem esse hábito, vale a pena fazer uma ou duas experiências. É possível encontrar várias playlists com músicas para se concentrar em serviços de *streaming* como o Spotify.

7 Disponível em: https://www.rescuetime.com

um game estilo Farmville. Entretanto, diferente do Farmville, quanto menos você interagir com seu smartphone, melhor. Mais as plantas vão crescer e mais pontos você conseguirá acumular para a sua floresta. A regra é se concentrar no seu trabalho e deixar seu smartphone e sua floresta em paz. Penso que todo casal deveria instalar o Forest para evitar as inoportunas e deselegantes consultas ao smartphone durante encontros e jantares românticos.

3 | *MINDFULNESS*

"Quando as coisas acontecem depressa demais, ninguém pode ter certeza de nada, de absolutamente coisa alguma, nem de si mesmo".

Milan Kundera (1929 –)
Escritor tcheco, em A Lentidão

Dezenas de estudos comprovam também que apenas alguns minutos de meditação por dia são capazes de, entre vários outros benefícios, reduzir os níveis de estresse e ansiedade, combater a insônia e a depressão, bem como fortalecer o sistema imunológico e estimular a concentração e a criatividade.

Apesar de gostar muito e praticar com alguma regularidade, a meditação, digamos, à moda clássica, também aprecio e recomendo a meditação estilo *mindfulness*. Segundo o médico americano, Jon Kabat-Zinn, professor Emérito de Medicina e diretor fundador da Clínica de Redução do Estresse e do Centro de Atenção Plena em Medicina, na Escola Médica da Universidade de Massachusetts, o *mindfulness*, também chamado de atenção plena ou meditação de atenção plena, é o estado de consciência que alcançamos quando estamos atentos ao momento presente.

Enquanto as técnicas tradicionais de meditação ecoam mantras e buscam a todo custo silenciar a mente, o *mindfulness* simplesmente abraça e redireciona para o presente todos os pensamentos que surgem espontaneamente no cérebro, criando um momento único de atenção e consciência. Daí o nome *atenção plena*.

Boa parte dos exercícios de *mindfulness* são bem simples e rápidos. Muitos não levam mais do que cinco minutos (ideais, portanto, para uma dobradinha ítalo-asiática com a técnica do pomodoro). E, podem ser praticados em qualquer lugar, inclusive, e principalmente, no ambiente de trabalho. Por esse mesmo motivo que a oferta de livros e cursos, bem como o número de praticantes, não para de crescer[8].

A título de degustação, selecionei dois exercícios para você sentir um pouco do gostinho da técnica. Mas, por favor, não pare por aqui. Recomendo fortemente que você procure informações mais detalhadas sobre *mindfulness*, seja num livro, num curso especializado ou em ambos e, naturalmente, considere a possibilidade de se tornar um praticante da meditação de atenção plena.

Vamos lá!

RESPIRE

Programe o timer do seu smartphone para quatro ou cinco minutos, e sente-se confortavelmente, com as costas eretas, os pés no chão e as mãos levemente apoiadas sobre as coxas. Feche os olhos e respire lenta e profundamente. Inspire contando até três e expire contando até seis. Procure focar sua atenção nas batidas do seu coração ou na sua respiração. Não se preocupe se a sua mente viajar para a Bahia. Isso é natural. Quando isso acontecer, basta trazer sua atenção de volta para a respiração. Procure repetir este exercício de duas a quatro vezes por dia.

AQUI E AGORA

Outro poderoso exercício de *mindfulness* consiste em praticar a consciência do aqui e agora em pequenas atividades rotineiras. Quando lavar a louça,

---

8 Segundo uma matéria da revista Época Negócios, de novembro de 2015, a seguradora Aetna, o LinkedIn, a gestora de fundos BlackRock e o banco Goldman Sachs nos Estados Unidos, bem como o Google e a CPFL no Brasil, estão entre as companhias que promovem a prática de *Mindfulness* entre seus colaboradores.

por exemplo, evite ficar pensando na reunião da semana que vem ou na última intriga do trabalho. Concentre sua atenção no movimento das suas mãos, na textura dos copos e na temperatura da água. Quando caminhar, deixe de lado as preocupações e os pensamentos invasivos. Concentre-se nos sons à distância ou na brisa que toca o seu rosto. Novamente, não se preocupe quando a mente vagar. Respire fundo e escolha um novo foco de concentração. Como todo novo exercício ou hábito, é natural encontrar alguma dificuldade no início. Não desanime. Com o tempo, este ritual ficará cada vez mais simples e natural.

4 | DESACELERE

Diariamente, esta cena se repete milhares de vezes em voos e aeroportos de todo o mundo: o avião pousa e taxia até o *finger* ou ponte de embarque e desembarque, como você preferir. Assim que a aeronave para, imediatamente, quase todos os passageiros levantam-se e começam a abrir os compartimentos de bagagem à procura de suas bolsas, mochilas, raquetes

"O pequeno príncipe encontrou-se com um vendedor de pílulas para matar a sede. 'Para que servem essas pílulas?', perguntou o principezinho. 'Para economizar tempo. Já se fizeram pesquisas que mostram que, por semana, gastamos duas horas indo até o filtro para beber água. Se você tomar as pílulas contra a sede, você não gastará esse tempo', explicou o vendedor. 'E o que é que faço com esse tempo?', perguntou intrigado o principezinho. 'Com esse tempo você faz o que quiser...', respondeu o vendedor. O pequeno príncipe pensou e concluiu: 'Que bom! Se eu tiver duas horas livres, eu quero ir vagarosamente, mãos no bolso, até a fonte para beber água...'"

Em *O Pequeno Príncipe*, de Antoine de Saint-Exupery

de tênis e violinos. Bastam alguns segundos para os corredores do avião ficarem apinhados de passageiros e bagagens. As cenas de contorcionismo com quatro ou cinco impacientes passageiros que tentam ocupar, ao mesmo tempo, o pedaço de corredor, onde só cabe uma pessoa por vez, chegam a ser cômicas.

Como num passe de mágica, o corredor da aeronave se transforma num bloco de carnaval com foliões ensandecidos disputando espaço perto do trio elétrico. Parece até que alguns passageiros acreditam que são capazes de atravessar a porta do avião como os super-heróis do cinema e das histórias em quadrinhos (Visão, dos *Vingadores*, e Lince Negra, dos *X-Men*, apenas para citar alguns e extravasar meu lado *geek*). Um voo da ponte aérea entre São Paulo e Rio de Janeiro, por exemplo, percorre uma distância de 445 km em pouco mais de 35 minutos. Não é rápido o suficiente?

Essa mesma viagem de automóvel ou ônibus não consome menos que cinco horas. Não seria, portanto, justo e razoável esperar apenas mais quatro ou cinco minutos sentado até a tripulação abrir as portas da aeronave? A maioria dos passageiros não consegue esperar. É a pressa.

SENSAÇÃO DE URGÊNCIA CONSTANTE

"Por muito tempo admirei as pessoas apressadas, até descobrir que não passavam de pessoas estressadas".

Jean-Louis Servan-Schreiber (1937–)
Jornalista e escritor francês

"Recuse-se a viver sob a pressão do relógio... Viver não é estar sempre a correr. É escolher com sabedoria o uso das horas que a vida nos concede".

Ethel Medeiros
Psicóloga e escritora

Segundo o médico e escritor americano Larry Dossey, o novo mal do nosso tempo é uma epidemia que atende pelo nome de *doença da pressa*. Para o médico, a doença da pressa é uma espécie de super estresse que transforma nosso relógio interno num cronômetro alucinado, alimentado por um sentimento de urgência esmagador, contínuo e desnecessário.

É como se todos nós fossemos uma versão sombria e neurótica do Coelho Branco de *Alice no País das Maravilhas*. Sempre apressados e eternamente atrasados. Os resultados não podiam ser piores: pisando fundo no acelerador podemos supostamente realizar centenas de tarefas em um dia, mas a que custo? E com que qualidade? Quem é exageradamente acelerado passa a vida tomando decisões equivocadas e precipitadas. Trabalha muito e geralmente produz com pouca qualidade.

Mas, pode ser pior, pois além dos apressados, encontramos com frequência aqueles que, além afobados, são também multitarefas. "O homem quer sempre superar e melhorar os seus limites. Fazer cada vez mais, em menos tempo, se tornou uma obsessão", alerta Alonso Bezerra de Carvalho, filósofo e cientista social do Departamento de Educação da Faculdade de Ciências e Letras da UNESP.

A obsessão cega pela velocidade acabou por gerar uma grande confusão de conceitos, pois fazer *mais rápido* não é a mesma coisa que *fazer correndo*, como também, uma descabida inversão de valores. Repare, por exemplo, como nossa cultura associa viver mais depressa com sucesso e inteligência. Um sujeito acelerado, ligeirinho e atarefado é logo identificado como mais capaz e mais dedicado.

Por outro lado, as pessoas não aceleradas são taxadas de descomprometidas, desmotivadas, irresponsáveis e preguiçosas. Até mesmo os ansiosos e estressados assumidos parecem ser mais valorizados do que os colegas mais centrados e equilibrados. Ser estressado está na moda. Já conheci até profissionais que se fazem de estressados somente para não desagradar os colegas e líderes ansiosos e acelerados que, normalmente, são a maioria. Também não são raras as cenas envolvendo colegas de empresa que parecem até disputar o mérito de estar mais estressado. Assustador!

Ilustração 20 – Banalização do Estresse
no Ambiente de Trabalho.

Felizmente, há quem descobriu o quanto a pressa é prejudicial. Nos quatro cantos do planeta, muitas empresas investem em ambientes e modelos de gestão menos caóticos e acelerados. Ao mesmo tempo, movimentos organizados apresentam diversas propostas para combater a aceleração gratuita e a ansiedade. "Esse é o começo de uma revolução cultural, uma mudança radical na forma como vemos o tempo e como lidamos com a velocidade e a lentidão. Significa colocar qualidade antes de quantidade. É uma espécie de filosofia do devagar, onde se percebe que nem sempre a rapidez é a melhor maneira de fazer as coisas", explica o jornalista e escritor Carl Honoré, ativista do movimento Slow Planet e autor do bestseller *Devagar*.

Desacelerar torna as pessoas mais produtivas no trabalho e mais felizes na vida. Exige disciplina e autocontrole, mas rende melhores resultados. Num inspirador artigo para a edição de outubro de 2005 da revista *Vida Simples*, o consultor, palestrante e escritor Eugênio Mussak conta que no início da era cristã, o imperador romano Octavius Augustus, cansado das trapalhadas de seus acelerados oficiais, passou a recomendar: *festina lente*, frase que em latim significa *apressa-te devagar*. Fica o conselho.

10

O QUE TEMOS
PARA HOJE?
OU INCLUINDO ROTINAS NA LISTA DE TAREFAS DIÁRIA

É bem razoável sugerir para o presidente de uma grande empresa, como Charles Schwab, que ocupe todo o dia, ou boa parte dele, apenas na execução de quatro, cinco ou seis tarefas superimportantes. Afinal, todas as outras atividades maçantes e sem importância provavelmente são delegadas e realizadas por seus assessores. Presidentes de empresas e seus principais executivos, como você sabe, são cercados de assessores, secretários, assistentes e bajuladores que se encarregam de boa parte das demandas corriqueiras e de menor importância, como trocar o cartucho da impressora, colocar adubo nas orquídeas ou reservar uma sala de reunião.

Você consegue imaginar, digamos, o Senhor Joseph Safra, fundador da Banco Safra, e homem mais rico do Brasil em 2019, segundo a Revista Forbes, pendurado no telefone e ouvindo aquela sonolenta musiquinha tema de "aguarde um momento, por favor" ou uma mensagem gravada no estilo de "que bom que você ligou! Nós temos uma mensagem importante para você!" enquanto espera um atendente para contratar um plano de roaming internacional? Ou ainda se contorcendo sem jeito para virar um galão de água no bebedouro da antessala do seu escritório?

Para mim, e provavelmente para você também, que não somos presidentes de banco ou executivos do alto escalão de uma multinacional, a lista mínima contempla um pouco menos da metade das atividades do dia a dia ou, como demonstrou Juran, apenas 20%. Vamos ver agora como lidar com os 80% restantes.

Se é mesmo verdade que 20% do seu tempo bem empregado pode gerar 80% dos resultados, é verdade também que os 80% do seu tempo restante serão consumidos pela soma, muitas vezes inevitável, de atividades de rotina, crises e imprevistos que, por sua vez, contribuirão, no máximo, com acanhados 20% de resultados.

Para fechar essa conta e incluir os percentuais de rotinas e crises, podemos considerar cenários que vão desde 20% de tempo para projetos, 40% para rotinas e 40% para crises (ou mais) na pior das hipóteses, até 20% para projetos, 60% para rotinas e 20% para crises, na melhor das hipóteses.

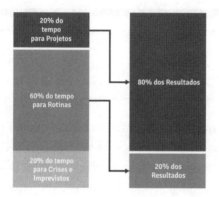

Ilustração 21 – Princípio 80/20 e O Método Einstein

Isso representa, numa jornada de 8 horas e na melhor das hipóteses, mais ou menos o seguinte: duas horas para projetos, quatro horas para rotinas e uma reserva de mais duas horas para crises e imprevistos. Está bem proporcional e realista.

As rotinas, como já vimos, são inevitáveis, pontuais e repetitivas. Entretanto, eliminar dezenas de pequenas rotinas da lista de tarefas pode gerar uma perigosa e equivocada sensação de produtividade.

É preciso muita cautela no trato das rotinas. Um pequeno deslize pode fazer com que as rotinas ocupem todo o seu tempo e não sobre nada para projetos, tampouco para a solução de crises e imprevistos. Sem o cuidado e o controle adequado, as rotinas podem de se multiplicar desvairadamente como porquinhos da índia ou *gremlins*.

Há, por exemplo, aqueles que alimentam a ilusão de que um dia serão capazes de acabar com todas as rotinas, como também há aqueles que, na ânsia de se livrar delas o quanto antes, transformam-se em polvos multitarefas tentando, em vão, fazer dezenas de coisas ao mesmo tempo.

ROTINAS SEM FIM

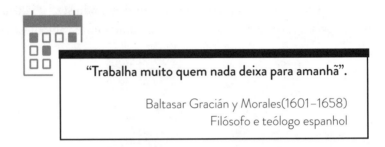

"Trabalha muito quem nada deixa para amanhã".

Baltasar Gracián y Morales(1601-1658)
Filósofo e teólogo espanhol

Tenha em mente que as rotinas nunca acabam. Assim que você se livrar de todos os e-mails, basta clicar mais uma vez em *enviar e receber* para que sua caixa de entrada fique cheia até o teto novamente. O mesmo fenômeno se repete com a folha de pagamento, as contas para pagar e receber, alguns relatórios, as reuniões e por aí vai...

Sempre existirão mais folhas de pagamentos, mais contas, mais relatórios e mais reuniões. Em casa, como você bem sabe, também não é diferente. Sempre haverá mais louça para lavar, mais roupa para lavar e passar, e mais camas para arrumar. Vida que segue.

O jeito é tocar para frente relacionando e excluindo as rotinas da lista de tarefas com parcimônia e bom senso. Como já vimos, priorize os resultados executando primeiro, e sempre que possível, as frações dos projetos do campo *o que temos para amanhã?* Somente, então, ocupe seu tempo e o resto do dia com as rotinas do campo *o que temos para hoje?* Fixe limites rigorosos e não permita que as rotinas ocupem mais do que 60% do seu tempo (seja numa jornada de trabalho de 8 horas ou num dia de 16 horas).

Deixe para o dia seguinte, e sem remorso, as rotinas que não conseguir acomodar no dia corrente. Não sacrifique ou protele seus projetos apenas para dar conta de uma ou duas rotinas sem importância. Se for para escolher entre uma rotina ou a fração de um projeto, escolha o projeto e deixe a rotina para amanhã.

PROTELAÇÃO CONSCIENTE

Você pode estar pensando: *Sérgio, deixar algumas rotinas para amanhã não é protelar? Lá no Capítulo 7 você não criticou a bela Penélope só porque ela protelou a mortalha enquanto esperava por seu amado Ulisses?*

Sem dúvida que é. Todavia, deixar para amanhã algumas atividades de rotina para garantir o tempo para resultados e projetos não é mais outro exemplo negativo de protelação hipócrita. Pelo contrário. Chamo esse adiamento de *protelação consciente*.

Deixar para amanhã uma atividade de baixo impacto para privilegiar uma atividade de alto valor agregado não é enrolar. É uma decisão inteligente e consciente. Na prática, protelamos a atividade B todas as vezes que escolhemos atender a atividade A. Estamos adiando o tempo todo. Sendo assim, é bem melhor procrastinar com inteligência e bom senso. Que as atividades A sejam, sempre que possível, frações de projetos, e as atividades B rotinas de pouca relevância.

TRÊS DICAS SUPER PRÁTICAS PARA GERENCIAR ROTINAS COM A LISTA DE TAREFAS

1 | ESTOQUE DE ROTINAS

Relacione numa lista à parte todas as rotinas e pequenas pendências que você tem ou pretende atender nos próximos dias e, em seguida, use esta lista para abastecer com cautela e muito critério os campos *o que temos para hoje?* da sua sequência de listas diárias. Chamo esta lista de *estoque de rotinas*.

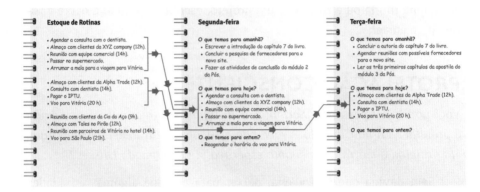

Ilustração 22 – Estoque de Rotinas

Note que essa dica é uma versão moderada da lista mestra (na verdade é uma lista mestra temática, uma lista de rotinas). Sendo assim, muito cuidado nessa hora. Não vá deixar a sua lista de tarefas de lado e cair no canto das sereias da lista mestra. Não permita que o seu dia seja monopolizado por rotinas e tarefas de pequena relevância. Controle o desejo de se embriagar de dopamina e evite dedicar mais do que 60% do seu dia para tarefas de rotina. Quanto menos tempo você dedicar às rotinas, mais tempo disponível você terá para investir em seus projetos e resultados para o futuro.

2 | SIMPLIFIQUE, GRUPE OU DELEGUE

Como já sugeri no Capítulo 5, sempre que possível simplifique, agrupe ou delegue suas rotinas. Tenha sempre em mente que as rotinas, apesar de necessárias, não contribuem tanto com resultados como os projetos, sendo assim, quanto mais rápido você se livrar delas, melhor.

Não custa reforçar. Vejamos, então, alguns exemplos domésticos, como pagar as contas, lavar e passar a roupa e louça.

SIMPLIFIQUE: Coloque as contas em débito automático. Deixe que o seu banco trabalhe por você.

AGRUPE: Somente lave e passe a roupa depois que acumular uma quantidade razoável. Fazendo assim, você não só economiza água e energia, como também poupa o seu tempo.

DELEGUE: Distribua as tarefas domésticas atribuindo, por exemplo, a louça para lavar para os seus filhos. Você se livra de uma rotina, ganha mais tempo para outras coisas mais importantes (como ficar com eles depois da louça lavada) e, por tabela, dá ainda uma importante lição de responsabilidade e respeito.

Curiosamente, alguns pais e profissionais preferem não delegar para os filhos ou para os subordinados, pois acham mais rápido e fácil fazer do que delegar e ensinar alguém a fazer. Não podem estar mais errados. No livro *Procrastinate on Purpose* (sem tradução para o Brasil), o escritor e palestrante, Rory Vaden, explica o quanto esse pensamento é equivocado. Em contrapartida, ele propõe que nos dediquemos 30 vezes o tempo que levamos para concluir uma tarefa para treinar alguém para fazê-la.

Veja um exemplo: se você tiver uma tarefa que leve 10 minutos por dia para fazer, seja lavar a louça ou atualizar uma planilha, gaste 30 vezes esse tempo (neste exemplo, 300 minutos, ou seja, cinco horas) para treinar outra pessoa.

Isso pode parecer um grande desperdício de tempo, mas multiplique 10 minutos pelos 365 dias do ano ou os 250 dias de trabalho anuais. São, aproximadamente, 61 horas lavando louça e 41 horas e meia atualizando planilhas. Isso sim é um desperdício colossal de tempo. Sendo assim, não tenha pressa. Reserve o tempo necessário para orientar, treinar e esclarecer dúvidas. Delegar implica, necessariamente, em investir um pouco do seu tempo para ensinar alguma tarefa a alguém. Quanto maior for o envolvimento inicial, menor a possibilidade dos seus filhos ou colaboradores cometerem erros.

E, mais:

- ■ Durante o processo de treinamento, seja tolerante com erros e transforme deslizes em oportunidades para reforçar o treinamento.

- ■ Estimule as pessoas a apresentarem soluções e não problemas. Antes de apresentar uma solução, pergunte ao seu colaborador (ou seu filho) o que ele faria em seu lugar. Acompanhe os resultados de modo que você possa ajudar a corrigir desvios e evitar a delegação inversa.

No clássico da literatura de negócios, *O Gerente Minuto e a Administração do Tempo*, os consultores Kenneth Blanchard, Willian Oncken e Hal Burrows usam uma divertida analogia para ilustrar os desafios da delegação no ambiente corporativo. Os autores chamam de macaquinhos as tarefas que vamos acumulando nos ombros ao longo do dia. Logo, uma das mais eficazes alternativas para aliviar a sobrecarga de macacos nas costas, consiste em delegá-los para colegas, parceiros ou colaboradores. Isto é, você tira alguns macacos das suas costas, colocando-os nos ombros de outras pessoas supostamente capazes de cuidar bem, ou até melhor do que você, dos tais macacos. A ideia é boa, mas tem suas armadilhas. Os autores alertam, por exemplo, para o fato de que alguns macaquinhos parecerem se apegar ao dono, de modo que basta uma pequena distração para que eles voltem correndo, ou pulando, para os ombros de quem havia se livrado deles há poucos minutos. É o que os autores chamam de *delegação inversa*. Outro problema acontece quando delegamos nossos macaquinhos para pessoas que não tem disponibilidade ou competência para assumir essa responsabilidade. No jargão corporativo, esse comportamento precipitado e irresponsável está mais para "delargar".

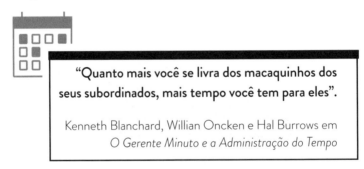

"Quanto mais você se livra dos macaquinhos dos seus subordinados, mais tempo você tem para eles".

Kenneth Blanchard, Willian Oncken e Hal Burrows em
O Gerente Minuto e a Administração do Tempo

- ■ Delegue com clareza, objetividade e precisão. Não delegue o que não pode ser controlado por você. Negocie prazos e objetivos mensuráveis. O método SMART, por exemplo, pode ser utilizado como um excelente instrumento de apoio à delegação.

- ■ Evite a todo custo delegar em cima da hora ou *para ontem*, ou seja, quando já não há tempo suficiente para a execução. Esse comportamento normalmente conduz a um cenário de crise, retrabalho e estresse.

O que temos para hoje? 197

■ Acompanhe sistematicamente a evolução do seu colaborador. Muitas vezes, um breve e objetivo *follow-up* com apenas três perguntas é suficiente: *O que você já realizou? O que falta realizar? Você precisa de alguma ajuda?*

3 | TÉCNICA DO ATACADO

Vamos imaginar que um pacote com cinco quilos de arroz, custe R$ 12 no supermercado ou na mercearia perto da sua casa, isto é, no varejo. Cinco pacotes custariam, portanto, R$ 60. Entretanto, um fardo com cinco pacotes de arroz no atacado custaria um pouco menos. Digamos, R$ 50. Neste exemplo, uma economia concreta de R$ 12.

Ao longo do dia costumamos atender no modelo de varejo, isto é, um pouco por vez, uma série sem fim de pequenas atividades semelhantes e repetitivas, tais como ler e responder e-mails, fazer ligações telefônicas e tratar de alguma encrenca com o Wally (já falo dele num instante). Por analogia, é como entrar e sair do supermercado cinco vezes no mesmo dia e em cada visita comprar apenas um pacote de arroz. É muito mais prático, rápido e econômico ir apenas uma vez num atacadista e comprar logo de cara um fardo com cinco pacotes.

Do mesmo modo, é muito mais prático e rápido agrupar pequenas atividades semelhantes e de curta duração em blocos como numa compra por atacado. Nas compras por atacado economizamos dinheiro (e por que não dizer tempo também). Com a técnica do atacado, economizamos tempo (e porque não dizer dinheiro também) e ganhamos em produtividade. Vejamos alguns exemplos:

E-MAILS

Mantenha o Outlook fechado e processe seus e-mails em apenas dois blocos diários, sendo um no período da manhã e outro no período da tarde. Ou melhor, um bloco no final da manhã (sempre depois executar as frações dos projetos em andamento do campo *o que temos para amanhã?*), e outro no final da tarde. Se preferir, comece devagar processando os e-mails em três ou quatro blocos menores. De todo modo, tenha como meta apenas dois blocos diários.

A princípio, essa sugestão pode parecer um tanto quanto atrevida e impraticável, mas o fato inegável é que ninguém consegue ser produtivo verificando e-mails a cada cinco minutos (ou assim que começa a jornada de trabalho). Encare esse desafio e procure desenvolver o hábito de clicar com mais frequência naquele X que fica no canto superior direito da tela do Outlook. É esse mesmo que você está pensando. O X que fecha o programa. Pode não ser tão fácil, mas o resultado vale o esforço.

Ainda sobre e-mails, gosto e sempre recomendo o método de processamento criado pelo consultor e escritor americano David Allen, pai do método GTD. Nesse método, Allen recomenda, resumidamente, o seguinte: abra seu gerenciador de e-mails e clique em *enviar e receber*. Em seguida, comece a processar os e-mails de cima para baixo. Processar um e-mail consiste em selecionar uma ação entre seis alternativas possíveis:

1. DELETE E BLOQUEIE

Descarte sem dó e-mails tolos e spams. Sempre que possível, aproveite o embalo para adicionar o remetente na lista de rementes bloqueados e solicite a exclusão de seu e-mail da lista de envio.

2. ARQUIVE

Por conta de seu conteúdo, alguns e-mails adquirem o status de documentos que, por sua vez, não demandam uma ação, mas que devem ser arquivados. Nesses casos, dê um *salvar como* e arquive esse documento numa pasta apropriada fora do gerenciador de e-mails. Por exemplo: vamos supor que você mantenha uma pasta em meus documentos com arquivos de Word, Power Point e planilhas de Excel do seu cliente Athanazio Atacadista. Se você for como a maioria dos usuários de e-mails, é bem provável que, além dessa pasta, você tenha mais outra com o mesmo nome, no seu Outlook ou similar, cheia de e-mails da Athanazio Atacadista. Ora essa! Duas pastas com o mesmo nome? Arquive todos os documentos, seja um documento de Word (.doc) ou e-mail (.msg) numa pasta única em meus documentos.

3. ARQUIVE EM UM DIA TALVEZ

Abra uma ou várias pastas temáticas com o título *um dia talvez* e arquive nessas pastas aqueles e-mails que podem ser úteis durante alguns dias. Eu costumo manter em meu Outlook uma pasta estilo *um dia talvez* com o título *vinhos*. Nessa pasta, arquivo os e-mails que recebo ao longo da semana dos distribuidores de vinho dos quais sou cliente. Não entendo nada e costumo harmonizar vinhos com pipoca, mas, mesmo assim, eu adoro vinhos. Vez ou outra, nas tardes de sexta-feira, dou uma olhada nesses e-mails, compro uma ou duas garrafas de vinho ou deleto tudo. Quando contrato um profissional freelancer pelo GetNinjas ou pelo Workana, faço a mesma coisa para acolher as propostas. Quando concluo o projeto, deleto a pasta e os e-mails todos de uma vez.

4. FAÇA IMEDIATAMENTE

Caso o e-mail demande uma resposta que consuma mais ou menos dois minutos, não perca tempo fechando o e-mail para abrir mais tarde outra vez, ler de novo e só então responder. Responda de uma vez numa tacada só.

Aliás, esta regra vale para tudo não só para e-mails. Sempre que você der de cara com uma tarefa que pode ser concluída em poucos minutos, faça imediatamente e evite acumular pequenas pendências. Exceto, evidentemente, para as tarefas que você pode delegar ou que são de responsabilidade de outras pessoas. Não preencha o seu dia com centenas de atividades simples e rápidas apenas porque são simples e rápidas. Ocupe-se apenas das *suas* atividades simples e rápidas.

5. ANOTE NA LISTA DE TAREFAS

Registre na sua lista de tarefas todas as demandas maiores e mais complexas que chegarem até você através de um e-mail, e que você pretende atender entre hoje (depois que terminar de processar os outros e-mails) ou nos próximos dois dias. Você se lembra da gaveta de talheres? Pois, então.

Não permita que a sua caixa de entrada se transforme numa perigosa agenda paralela. Basta um pequeno vacilo para que a sua caixa de entrada se transforme numa agenda Frankenstein, isto é, uma agenda grotesca e desengonçada feita com partes das agendas das pessoas que enviam e-mails para você. Ninguém consegue ser produtivo trabalhando com agendas Frankenstein.

Se você não pode responder imediatamente, retire o e-mail do contexto da caixa de entrada e registre essa nova demanda na sua lista de tarefas. Registre essa nova demanda em *o que temos para ontem?* caso escolha (ou precise) resolver essa questão no mesmo dia, um pouco mais tarde, ou em *o que temos para hoje?* da lista de amanhã, ou do dia seguinte, se escolher deixar essa demanda para depois.

6. ANOTE NA AGENDA

Adote o mesmo procedimento da alternativa acima, registrando na sua agenda as demandas mais complexas e com prazo maior, que você pode atender bem mais à frente.

TELEFONEMAS

Contenha o impulso de fazer ligações telefônicas dispersas a cada instante ou sempre que estiver entediado e com crise de abstinência de dopamina. Ao longo do dia, vá relacionando as ligações que precisa fazer numa folha de rascunho ou num post-it.

Somente faça as ligações quando a lista somar pelo menos seis contatos. Em média, um contato telefônico consome cinco minutos. Portanto, seis contatos consecutivos representam um bloco de meia hora. Está bem razoável. Faça isso durante dois ou três dias e comprove você mesmo os resultados.

Algumas pessoas vão além. Conheço vários líderes que não só agrupam as ligações que fazem, como também as que recebem. Seus assessores são orientados a transferir diretamente apenas as ligações de extrema gravidade e urgência. Todas as outras ligações são registradas em uma lista. A exemplo das ligações planejadas, o líder só retorna essas ligações quando agrupar, pelo menos, seis contatos.

ONDE ESTÁ WALLY?

Adote o mesmo princípio da técnica do atacado para as interações pessoais com seus colegas de trabalho. Quantas vezes por dia você não deixa a sua mesa e sai vagando pela empresa, sempre atrás do mesmo colega, como se estivesse procurando aquele sujeito magrelo e sorridente com gorro e camisa listrada de vermelho e branco da série de livros infantojuvenil *Onde Está Wally?*[1]

E, o que é pior, você já reparou que sempre que precisamos falar pessoalmente com esse colega ele nunca está em sua mesa? É a lei de Murphy aplicada aos Wallys: "A probabilidade de você encontrar um colega na sua mesa é inversamente proporcional a urgência que você tem para falar com ele".

Imagine, por exemplo, que um de seus Wallys frequentes seja um colega da expedição. Em vez de sair procurando por ele em todas as salas e andares da empresa duas, três, quatro ou cinco vezes ao longo da jornada de trabalho, use novamente a técnica do atacado (e mais uma folhinha de post-it) e só vá ao encontro dele quando acumular várias demandas. Apenas um detalhe: obviamente que neste caso estou falando de demandas corriqueiras que podem esperar algumas horas ou minutos, mas que exigem um contato pessoal.

Outra dica: antes de sair procurando seu Wally, lembre-se da Lei de Murphy; ligue ou mande uma mensagem para seu colega e pergunte se ele pode atendê-lo. Observe que neste exemplo a economia de tempo tem duas vias. Tanto você como seu colega ganham com essa estratégia. Você economiza tempo desfilando menos pela empresa, bem como ele com a redução de interrupções e distrações[2].

---

[1] Em 1987, o ilustrador britânico, Martin Handford, lançou o primeiro volume da bem-sucedida coleção de livros infanto-juvenis *Onde está Wally?*. A cada fascículo, os jovens leitores enfrentavam o desafio de encontrar o simpático Wally, um sujeito magrelo e sorridente, com gorro e camisa listrada de vermelho e branco, em meio a duas páginas inteiras fartamente ilustradas.

[2] Lei de Murphy, ou lei dos azarados, é um adágio da cultura popular ocidental que normalmente é citada como: "Qualquer coisa que possa ocorrer mal, ocorrerá mal, no pior momento possível". Ela foi proposta pelo capitão da Força Aérea americana, o Major Edward Aloysius Murphy Jr. (1918–1990), um respeitado engenheiro aeroespacial panamenho e especialista em sistemas de segurança crítica. Para desgosto do Major Murphy, que propôs esta lei como um procedimento de segurança em experimentos que deveriam assumir sempre o pior dos acontecimentos, algumas versões irônicas e bem humoradas da Lei de Murphy tornaram-se bem mais populares que seu enunciado original, tais como: "O pão cai sempre com a manteiga para baixo", "A

Use a mesma técnica com todas as outras pequenas atividades repetitivas que fazem parte da sua rotina. Como emitir notas fiscais e boletos de pagamento, pagar contas e fazer lançamentos numa planilha.

Enfim, quanto mais você agrupar pequenas atividades semelhantes em fardos de atacado, maior será a sua produtividade e controle sobre sua agenda.

BLOCOS DE ATACADO AMPLIADOS

Outras atividades recorrentes, mas menos frequentes, podem também ser agrupadas em blocos de atacado ampliados e mais espaçados. Eu, por exemplo, costumo verificar as minhas contas e anúncios do Google apenas uma vez por semana, na terça-feira ou na quinta-feira, conforme a minha disponibilidade e agenda de cursos e viagens.

Tenho um amigo que reserva as tardes de sexta-feira para atuar como voluntário numa ONG, e um cliente que visita as suas lojas na última semana do mês. Do mesmo modo, é comum encontrar profissionais que destinam apenas um ou dois dias fixos durante a semana para reuniões com colaboradores e parceiros.

Esta dica tem uma ligeira semelhança com um curso de música, artesanato ou de idiomas. A diferença está em quem determina quando será o bloco para estudar italiano ou verificar anúncios do Google. Num curso de italiano, é a escola que determina os dias e horários. O aluno assume uma postura passiva e apenas concorda com a agenda sugerida. Num bloco de atacado, você é o decisor. Postura proativa. É você quem decide e reserva os dias e intervalos mais adequados e viáveis em sua agenda. Um desafio ligeiramente maior.

É justamente por esse motivo que, em ambos dos casos, seja nos blocos de atacado convencionais como nos ampliados, é indispensável que você mantenha a disciplina e o compromisso com a técnica. O esforço de voluntariado do meu amigo só funciona porque ele sempre bloqueia a agenda nas tardes de sexta-feira. Tanto é verdade que boa parte dos seus parceiros,

---

fila do lado sempre anda mais rápido" ou ainda "Se você está se sentindo bem, não se preocupe, isso passa."

clientes, amigos e colaboradores já sabem que nas sextas à tarde ele já tem esse compromisso agendado. Nem adianta tentar falar com ele ou agendar outro compromisso.

TEMPO PARA E-MAILS?

Além de alavancar a produtividade e poupar minutos preciosos, a técnica do atacado contribui também para construir uma percepção mais apurada de quanto tempo exatamente você consome ao longo do dia com e-mails, ligações telefônicas, Wallys e tudo mais. Esse é outro ganho importante e significativo.

Ninguém, por exemplo, jamais será capaz de responder com precisão quanto tempo leva processando e-mails, consultando loucamente o Outlook a cada cinco minutos. Por outro lado, agrupando o processamento de e-mails em, digamos, dois ou três blocos de atacado diários, fica bem mais fácil projetar com relativa precisão quanto tempo, afinal, demandamos escrevendo e respondendo e-mails. Eu, por exemplo, reservo meia hora por dia para meus e-mails em dois blocos de aproximadamente quinze minutos cada.

Antes de usar essa técnica, eu sequer era capaz de fazer uma estimativa razoável de quanto tempo precisava para processar e-mails. Hoje, posso afirmar que, em média, preciso de meia hora por dia para dar conta da minha caixa de entrada. Imagine o quanto essa informação é útil quando elaboro minha lista de tarefas diária?

Telefonemas, Wallys e e-mails pulverizados loucamente ao longo do dia são como minutos cafezinho que, apesar de necessários e inevitáveis, consomem tempo e sabotam a produtividade. É bem mais seguro e confiável organizar a rotina de trabalho sabendo quanto tempo, mais ou menos, consumimos com pequenas demandas recorrentes, como e-mails e telefonemas, do que fazendo estimativas sem fundamento.

11

O QUE TEMOS

PARA ONTEM?
OU INCLUINDO (COM CAUTELA!) CRISES, IMPREVISTOS E INTERRUPÇÕES NA LISTA DE TAREFAS DIÁRIA

> "O homem superior atribui a culpa a si próprio; o homem comum aos outros".
>
> Confúcio (551 a.C.–479 a.C.)
> Pensador e filósofo chinês

A essa altura do campeonato, você já entendeu que boa parte das crises e imprevistos são evitados com ações preventivas, ou seja, quanto mais tempo e energia dedicarmos a projetos e rotinas, ou respectivamente, aos campos *o que temos para amanhã?* e *o que temos para hoje?*, menores serão as chances de perdemos tempo, cabelos e a paciência com as encrencas estressantes e indesejáveis do campo *o que temos para ontem?*.

Quanto MAIORES forem as parcelas de tempo dedicadas a projetos e rotinas naturalmente MENOR será a ocorrência de crises e imprevistos

Ilustração 23 – Mais tempo para projetos e rotinas, menos tempo desperdiçado com crises e imprevistos.

Por outro lado, é verdade também que manter os projetos em ordem e as rotinas em dia ainda não é o bastante. Por maior e melhor que possa ser o seu cuidado com a gestão de projetos e rotinas, ainda somos todos vulneráveis a imprevistos e interrupções não programadas.

RUSSOS

Reza a lenda que, antes do início do jogo Brasil e URSS, pela Copa do Mundo de 1958, na Suécia, o técnico Vicente Feola (1909–1975) reuniu os jogadores no vestiário e traçou um plano de ataque implacável, capaz de avançar sobre a defesa russa e garantir o primeiro gol do Brasil ainda no primeiro tempo. Os volantes Zito e Didi trocariam passes no meio do campo. Vavá atrairia a marcação russa para o lado esquerdo do campo. O lateral-esquerdo Nílton Santos lançaria para direita, na direção de Garrincha que, depois de um ou dois dribles, daria um passe para o companheiro Mazzola, que faria o gol. Não tinha erro. O esquema era perfeito. Foi quando Garrincha (1933-1983) perguntou a Feola: "Mas o senhor já combinou com os russos?".

Imagine, por exemplo, que é final de tarde de segunda-feira. Você consulta sua agenda, anotações e e-mails e faz os últimos ajustes na sua lista de tarefas para terça-feira. Até aí tudo bem. Agora, é só se despedir dos colegas, registar sua saída no relógio de ponto, voltar para casa, desfrutar de um bom jantar com a família e descansar. No dia seguinte, basta tirar a lista de tarefas da gaveta e seguir excluindo cada um dos itens até o final de mais uma produtiva jornada de trabalho. Simples assim. O desafio são os russos.

Na vida real, seu dia nem bem começou quando uma reunião de emergência ou uma solicitação urgente e inesperada do seu chefe, do companheiro, de um filho ou até do vizinho colocam em risco a execução da sua lista de tarefas e seus planos para um dia perfeito. Não encarre esse cenário como um problema sem solução ou uma falha na concepção da sua lista de tarefas. Todos os dias, seus planos, supostamente infalíveis, serão ameaçados por imprevistos e interrupções indesejáveis. Faz parte do jogo. Como todo bom estrategista, você deve estar bem preparado para contornar essas situações sem colocar em risco sua lista de tarefas, seus resultados e sua produtividade.

QUATRO DICAS CERTEIRAS PARA LIDAR COM CRISES, IMPREVISTOS E INTERRUPÇÕES NÃO PROGRAMADAS

1 | ESTOQUE DE TEMPO

Comprometer todo o tempo disponível para atender os itens de uma lista de tarefas é um descuido usual e inocente que muitos cometem quando elaboram uma lista de tarefas ou fazem o planejamento do dia seguinte.

Suponha, por exemplo, que sua jornada de trabalho seja de 8 horas e que você elabore uma lista de tarefas cuja soma de tempo para atender todos os itens da lista seja também de, aproximadamente, 8 horas. Exceto que você seja abençoado com um dia sem filas, atrasos, imprevistos ou interrupções, o que é extremamente raro e improvável, é natural que a lista não funcione como o esperado e que seu plano para um dia perfeito vá para o espaço antes do almoço.

Sem tempo suficiente para dar conta das demandas previstas na lista e dos imprevistos, restam somente duas péssimas alternativas: A) você pode esticar seu expediente e seguir trabalhando até bem mais tarde ou B) se dar por vencido, aceitar que não será capaz de atender todos os itens da sua lista e empurrar para amanhã boa parte dos itens que não couberam dentro do expediente de trabalho. Goleada dos russos.

Observe, porém, que a solução para essa indesejável encrenca é bem simples. Basta reservar algumas horas do dia para imprevistos e interrupções. Por exemplo, para uma jornada de 8 horas de trabalho, jamais elabore uma lista de tarefas cuja soma de itens represente mais de 6 horas.

Faça uma reserva de 2 horas[1], aproximadamente, para atender os imprevistos e interrupções. Chamo essa reserva de *estoque de tempo*. Vamos ser realistas. Ninguém está livre de imprevistos, e comprometer todo o seu

---

1 Não pense você que minha proposta de 2 horas de estoque de tempo não tenha embasamento prático. Em média, todos nós desperdiçamos cerca de 2 horas por dia com imprevistos e interrupções não programadas.

tempo sem considerar, no mínimo, um pequeno atraso em uma reunião ou um congestionamento é muita ingenuidade ou burrice. Até mesmo porque são raras as ocasiões em que somos capazes de prever as crises e encrencas que vão nos assombrar nos próximos dias. Crises e imprevistos são como um contra-ataque inesperado dos russos. Com antecedência, podemos registrar sem nenhuma dificuldade as demandas dos campos *o que temos para amanhã?*, e *o que temos para hoje?*. As frações dos projetos e as rotinas são previsíveis. Por sua vez, as crises e interrupções são, via de regra, imprevisíveis. O campo *o que temos para ontem?* representa esse estoque de tempo consumido com crises, imprevistos e interrupções não programadas.

Mais uma dica: caso sua agenda atual esteja bem comprometida com crises e imprevistos, a princípio pode ser uma boa sugestão elaborar uma lista menor com, vamos supor, 4 horas para projetos e rotinas (*o que temos para amanhã?* e *o que temos para hoje?*) e, outras 4 horas de estoque para crises, imprevistos e interrupções (*o que temos para ontem?*). Evidente que, a partir de então, seu desafio será de gradativamente ajustar o balanço entre tempo comprometido e tempo disponível até alcançar a proporção ideal. Três quartos de tempo para projetos e rotinas com um quarto de tempo em estoque é uma boa média. Nem vale a pena tentar ser mais ousado. Esse arranjo é bem adequado e realista.

E SE SOBRAR TEMPO?

Quando o destino sorrir para você com um dia sem crises, imprevistos ou qualquer outra interferência e, portanto, sem demandas para ocupar a reserva de tempo, o que vamos concordar, é um fenômeno muito raro e improvável, temos duas opções:

1. Se você for um empreendedor autônomo ou trabalhar numa empresa com regime de horas flexíveis, desligue seu computador e volte correndo para casa antes que seu chefe ou algum outro colega descubra que você está disponível e com tempo sobrando. Quando isso acontece comigo, não penso duas vezes. Se o dia estiver bom, vou pedalar, se estiver frio ou chovendo, estouro um balde de pipocas e vou ler um livro ou uma revista em quadrinhos. Uma vez que garanti minha cota de contribuição para os resultados de amanhã, atendendo

as demandas dos campos *o que temos para amanhã?* e *o que tempos para hoje?* preciso trabalhar mais por quê?

Cuidar da minha saúde ou mesmo dedicar algumas horas para um momento de ócio e lazer é muito bom é necessário também. Tão importante quanto ser produtivo. Você se lembra do conceito de produtividade? Produtivo é aquele que faz mais com menos. Sou produtivo porque trabalho menos, conquisto mais resultados e tenho mais tempo livre.

2. Para quem não tem a mesma liberdade e autonomia, a alternativa é adiantar as demandas dos campos *o que temos para amanhã?* e *o que temos para hoje?* dos próximos dias. Está de bom tamanho também.

2 | SIM, MAS NÃO AGORA

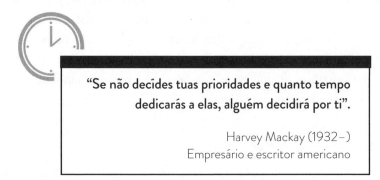

"Se não decides tuas prioridades e quanto tempo dedicarás a elas, alguém decidirá por ti".

Harvey Mackay (1932-)
Empresário e escritor americano

Vamos filosofar um pouco. Apesar de Einstein, o patrono involuntário deste livro, afirmar que passado, presente e futuro são apenas ilusões, nós, pessoas comuns, teimosamente insistimos em dividir e organizar nossa existência em três momentos, ou seja, o tempo que passou, o agora e o tempo que está por vir. Por outro lado, é verdade também que vivemos e desfrutamos apenas do tempo presente, do agora. O passado é somente uma lembrança que já não existe mais, enquanto o futuro não passa de uma expectativa ainda não concretizada. Não é possível reciclar o passado, tampouco viver o futuro. Sempre digo, por exemplo, que o amanhã tem um defeito muito grande: sempre que ele começa, é hoje outra vez!

E, é nesse embate filosófico que começam nossos maiores problemas com a gestão de crises, imprevistos e, principalmente, interrupções não programadas. Na maioria esmagadora das vezes, quem nos procura pedindo um naco do nosso tempo e atenção, seja o chefe, o companheiro ou o filho, quer o nosso AGORA. O caso é que nós só temos o AGORA, o passado já era e o futuro ainda será. Tudo o que realizamos está situado nesse efêmero instante entre a lembrança e a expectativa. Logo, se você sair por aí distribuindo graciosamente os seus *agoras* para todos que pedirem seu tempo e atenção, o que vai sobrar para você? Nada!

Quem a todo instante deixa a sua agenda e suas prioridades de lado e diz *sim, agora mesmo*, o tempo todo para todo mundo, sempre tem tempo para todos, mas nunca tem tempo si mesmo. Perceba, então, que não se trata apenas de uma questão sobre produtividade ou organização de agenda. Trata-se de uma questão de sobrevivência. Você vive através do seu tempo. Se você ceder todo os seus *agoras* para os outros, você deixará de viver a sua própria vida para viver a serviço da vida dos outros. Dizer sim para os outros, muitas vezes, equivale a dizer não para você. Muita cautela nessa hora. Não terceirize sua vida para ninguém!

Não estou dizendo, entretanto, que não apoio o voluntariado (que podemos definir como uma generosa doação de tempo), que pais não devam dar atenção para os filhos, que um filho não deva dar atenção para os pais, que um subordinado não deva atender à solicitação de seu líder ou outros exemplos assim. Na prática, todos nós, não só podemos, como devemos comprometer uma boa parcela do nosso dia a dia com demandas dos outros. Seja lá quem for, do chefe aos pais idosos, dos filhos ao primo de Rifaina.

É preciso, todavia, ter muita cautela, bom senso e parcimônia. Sempre que possível, dou atenção para as demandas e solicitações dos meus clientes, dos meus filhos, dos meus pais, dos meus avós e até mesmo do meu primo de Rifaina, mas sempre no meu tempo. Sempre que posso evito, por exemplo, atender meu cliente, ou seja lá quem for, no tempo dele. Exceto naquelas emergências[2] que não podem esperar. Por sua vez, as urgências e

---

2 Muita gente faz uma grande confusão entre os conceitos de urgência e emergência. Há quem pense até que são sinônimos, e é muito comum, principalmente no

solicitações inesperadas dos outros (e que podem esperar) ficam subordinadas à minha agenda e disponibilidade, não o contrário.

Neste ponto, vamos de encontro a um aspecto importante que eu, particularmente, entendo como uma das maiores confusões que se faz por aí sobre Administração do Tempo. Muitos autores e especialistas afirmam que uma das habilidades mais importantes a se desenvolver para administrar melhor o seu tempo é desenvolver *a arte de dizer não*. Ora essa. Quer perder o seu emprego? Diga não para o seu chefe. Quer perder os seus clientes? Diga não para eles. Quer arruinar com seu casamento ou relacionamento? Diga não para seu companheiro. Quer ficar com fama de chato? Diga não para seus amigos, seus filhos e todo mundo.

Não se trata, portanto, de simplesmente fazer cara de poucos amigos e dizer *não*, mas sim de ser mais assertivo e dizer *agora não*. Na verdade, eu recomendo que você diga sim na medida do necessário, mas procure sempre dizer um não discretamente, disfarçado de sim. Ou seja, diga: s*im, mas não agora*.

Vejamos como: sempre que, por exemplo, um colega ligar para você ou aparecer de surpresa na frente da sua mesa com uma nova crise ou imprevisto, respire fundo e contenha o impulso de abandonar sem resistência sua a lista de tarefas e desviar seu foco. Em seguida, avalie calmamente o nível de gravidade dessa demanda.

São cinco cenários possíveis:

---

ambiente corporativo, que uma urgência de pouca gravidade ganhe o status de emergência sem muito esforço. Isso já não ocorre entre médicos, socorristas e bombeiros. Para esses profissionais, há uma distinção bem clara do que é urgência e do que é emergência. Na medicina, emergência reporta a um cenário que implique sofrimento intenso ou risco iminente de vida, exigindo, portanto, tratamento médico imediato. Uma emergência não pode esperar. Já a urgência, é uma ocorrência imprevista com ou sem risco potencial à vida, onde o indivíduo não precisa, necessariamente, de assistência médica imediata. Certa vez levei um tombo com a minha bicicleta e fraturei o braço e o cotovelo. Foi grave, mas não foi uma emergência. Ou seja, fui internado e só operei no final da manhã do dia seguinte. Dormi anestesiado, é bem verdade, mas dormi de braço quebrado. Minha urgência, a propósito, só recebeu atenção da equipe médica depois de outras emergências bem mais graves.

O que temos para ontem? 213

1. Crises e imprevistos que não podem esperar (emergências);
2. Crises e imprevistos que podem esperar alguns minutos;
3. Crises e imprevistos que podem esperar algumas horas;
4. Crises e imprevistos que podem esperar um ou dois dias;
5. Crises e imprevistos que podem esperar três dias ou mais.

1. Algumas crises e imprevistos são mesmo emergências que não podem esperar sequer alguns segundos para serem atendidas. Paciência. Nesse cenário, não há alternativa senão abandonar a execução da atividade atual, dizer: *sim, agora mesmo*, para o seu interlocutor russo e buscar uma solução para essa emergência o mais rapidamente possível. Mas atenção: você deve retomar o foco na execução da sua lista de tarefas assim que se livrar dessa emergência inesperada. Mantenha sempre em mente que sua prioridade é atender os itens já previstos da sua lista de tarefas. Para não perder o controle de suas tarefas ao longo do dia, lembre-se também de acrescentar essa emergência no campo *o que temos para ontem?*.

Nos outros quatro cenários você deve dizer *sim, mas não agora*. Vejamos como:

2. Quando a solução da crise ou imprevisto puder aguardar alguns minutos (sim, muitas crises e imprevistos são apenas urgências de pouca gravidade que podem esperar alguns minutos!), acrescente essa nova demanda no campo *o que temos para ontem?* da lista de tarefas, conclua a atividade atual, e só então direcione o seu foco para a solução desse imprevisto.

Use a sua criatividade e jogo de cintura para criar alternativas para a expressão *sim, mas não agora*. Alguns exemplos:

a. *Claro, vou ver isso assim que terminar aqui...;*

b. *Pode deixar, cuido disso daqui a pouco...;*

c. *Vou anotar aqui e já faço num instante;*

d. *Ok. Vejo isso em cinco minutinhos* (usar o diminutivo nessas situações é uma jogada de mestre);

e. *Entendi, vou ver isso agora mesmo!* (eufemismo simpático e indolor para *daqui a alguns minutos*).

3. Quando a solução da crise ou imprevisto puder aguardar algumas horas (Sim! Muitas crises e imprevistos podem esperar algumas horas!), acrescente essa nova demanda no campo *o que temos para ontem?* da lista de tarefas, conclua as atividades mais importantes da sua lista, principalmente aquelas relacionadas com projetos do campo *o que temos para amanhã?*, e só então direcione o seu foco para a solução desse imprevisto.

4. Quando a solução da crise ou imprevisto puder aguardar um ou dois dias (ok, você já entendeu...), acrescente essa nova demanda no campo *o que temos para hoje?* ou ainda no campo *o que temos para amanhã?* da lista de tarefas do dia seguinte ou do dia posterior e siga, sem receio, com a execução da sua lista de tarefas do dia corrente. Observe que um imprevisto acolhido hoje, mas registrado na lista de tarefas do dia seguinte, deixa de ser um imprevisto e se transforma numa atividade prevista. Daí a recomendação de que esse item seja incluído no campo *o que temos para amanhã?* se for uma parcela de projeto ou no campo *o que temos para rotina?* se for uma rotina.

5. Quando a solução da crise ou imprevisto puder aguardar três dias ou mais (...), registre essa nova demanda na sua agenda e siga com a execução da sua lista de tarefas do dia corrente. No futuro, basta consultar sua agenda e incluir essa demanda na lista de tarefas oportuna.

PARA PENSAR | TRÊS BONS MOTIVOS PARA DIZER AGORA NÃO

1. RESPEITO

Muitas pessoas que dizem sim para tudo e para todos querem apenas ser mais populares e admiradas. Não é o que acontece. Pessoas assim são normalmente taxadas como aduladoras, ingênuas e manipuláveis. Quando você diz um não, estabelece um limite. Demonstra que é profissional, que sabe definir prioridades, que é comprometido com resultados. É assim que se conquista admiração e respeito.

Costumo chamar de *fofos* aquelas pessoas que nas empresas dizem sim para tudo e para todos sempre. Os *fofos* são adorados por todos. Quem não gosta de alguém que está sempre disponível e pronto para ajudar? Por outro lado, ninguém leva um *fofo* a sério. Os *fofos* ajudam os outros, mas muitas vezes não conseguem cumprir as suas próprias atribuições. *Fofos* são, por exemplo, sempre preteridos nas oportunidades de promoção. Na ânsia de ajudar todo mundo, prejudicam a si mesmos. Aceite esse conselho. Não seja o *fofo* de ninguém.

2. QUALIDADE

Pessoas que dizem sim para tudo, muitas vezes assumem responsabilidades que não são capazes de cumprir, seja pela falta de tempo ou até mesmo pela falta de competência, afinal, ninguém é competente em tudo. Não enfie a mão dentro de cumbuca que você não conhece. Quem sempre diz sim indiscriminadamente costuma fazer entregas sem qualidade ou incompletas.

3. EQUILÍBRIO E RESULTADO

Dizer sim o tempo todo é o meio mais eficaz de sobrecarregar sua agenda e gerar estresse. Estar sempre ocupado é fácil. O verdadeiro desafio é negociar adequadamente suas demandas e ocupar sua agenda e seu tempo com inteligência e bom senso.

> "A receita infalível do fracasso é absorver tudo e tentar dar conta de tudo".
>
> Isabel Parlett
> Escritora e consultora americana.
>
> "Não há limite para o que nos pedem, mas definitivamente há um limite para o que podemos fazer!".
>
> Kenneth Blanchard, Willian Oncken e Hal Burrows
> Consultores e escritores americanos em *O Gerente Minuto e a Administração do Tempo*

Certa vez, um parceiro do Senac de São Paulo me procurou e pediu uma proposta para um curso de Atendimento ao Cliente. Naquela altura eu já havia decidido deixar de lado os outros conteúdos que trabalhava em treinamento para concentrar minha ação somente nos cursos e palestras de Administração do Tempo e na consolidação da minha empresa, a Academia do Tempo. Agradeci o convite e disse que não podia aceitar essa demanda porque não tinha tempo. Ele achou graça e brincou comigo: *Sérgio, mas você não é o cara da administração do tempo?*

Pois esse que é o ponto. Eu tenho tempo para atender com eficácia a minha agenda e tocar para frente os meus projetos porque tenho consciência que não tenho tempo para tudo. Já fiz esse comentário, mas não custa repetir. *O modo mais eficaz para não ter tempo para nada é querer ter tempo para tudo.* Tenho tempo para minhas palestras da Academia do Tempo porque não tenho mais tempo para dar cursos de atendimento ao cliente. Tenho tempo para ler porque não tenho tempo para novelas. Tenho tempo para praticar Mountain Bike porque resolvi não ter mais tempo para dar aulas de pós-graduação aos sábados. Ter tempo é fazer escolhas de qualidade e dizer não para todo o resto.

3 | DEFESA ACIRRADA

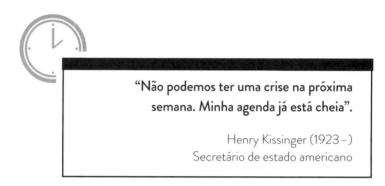

"Não podemos ter uma crise na próxima semana. Minha agenda já está cheia".

Henry Kissinger (1923–)
Secretário de estado americano

Mais uma alternativa para evitar interrupções não programadas consiste em fechar a sua defesa e promover alguns breves períodos de isolamento. É isso que fazem os engenheiros da Voith durante seus retiros diários de *Deep Work*, e os profissionais que colam uma folha de papel na porta de uma sala de reuniões com, por exemplo, os dizeres: *Por favor, não perturbe. Agora estou concentrado numa atividade importante.* Admito que essa sugestão não é tão acessível para boa parte dos profissionais, sobretudo, os colaborados de nível tático e operacional que trabalham em ambientes abertos estilo *open space*. Por outro lado, o exemplo da Voith comprova que com um pouco de assertividade, boa vontade e articulação é possível, sim, distanciar-se do tumulto de um ambiente repleto de distrações, mesmo que seja durante apenas 30 minutos ou uma hora por dia.

4 | FAIR PLAY

Coloque a mão na consciência e reflita durante alguns instantes sobre o seu papel nesse complicado embate de concentração *versus* interrupção. Não é possível que você seja sempre o profissional 100% dedicado e concentrado, que a todo momento é vitima do ataque furtivo dos colegas que precisam de alguma ajuda. Muitas vezes, você há de concordar, é você que sai por aí pleiteando *agoras* alheios e sabotando a concentração dos outros. Na prática, somos interrompidos tanto quanto interrompemos. É uma questão de escolha. Você quer ser parte do problema ou da solução? Se você não quer ser interrompido o tempo todo, faça o mesmo com seus colegas e subordinados. Dê o exemplo e jogue limpo. Não é razoável esperar que os outros respeitem o seu tempo, se você mesmo não respeita o tempo de ninguém. Atribua ao tempo dos outros o mesmo valor que você dá ao seu próprio tempo.

CONCLUSÃO

Apesar dos russos e da ironia de Garrincha, o Brasil conquistou seu primeiro título mundial na Copa de 1958, bem como o segundo no Chile, em 1962. Entretanto, a farra acabou na Copa de 1966, quando a seleção brasileira amargou um 11º lugar, sendo eliminada ainda na primeira fase, após duas derrotas para as seleções de Portugal e Hungria. Ou seja, mesmo que você capriche na estratégia e faça direitinho sua lição de casa, é inevitável que um dia ou outro sua lista de tarefas seja derrotada pelas incursões inesperadas dos russos, dos portugueses, dos húngaros, da auditoria da ISO ou do simulado de evacuação da CIPA.

Sua lista de tarefas jamais será invencível. Somos todos vulneráveis a algumas emergências, horas extras, trabalhar num fim de semana, levar trabalho para casa ou atrasar a conclusão de um projeto. O que conta é a qualidade da campanha e a média de vitórias. Não se deixe abater por um dia, ou até mesmo uma semana ou mês, que saiu do controle. Exercite sua resiliência e persista no uso do Método Einstein e da lista de tarefas. Pode apostar. Com a prática e a insistência, seus resultados serão cada vez melhores.

12

PERGUNTA BÔNUS:

O QUE TEMOS PARA O SÁBADO?

OU INCLUINDO UM VAZIO NA LISTA DE TAREFAS DIÁRIA

"Às vezes, o melhor a se fazer é nada."

Frase do Ursinho Pooh no filme *Christopher Robin, um reencontro inesquecível*, de 2018, dirigido por Marc Forster

"Falamos muito sobre o quanto valorizamos nosso tempo livre, mas raramente fazemos dele uma prioridade na vida".

Ricardo Semler (1959–)
Empresário e escritor brasileiro

Não é de hoje que o tempo para descanso e contemplação está presente na trajetória da humanidade. Na tradição judaica, por exemplo, o *Sabá*, ou *Sabat*, é considerado o dia semanal de descanso e de adoração. O termo deriva do hebraico *shabat* que, por sua vez, significa cessar, portanto, o sétimo dia não é o dia do *fazer*, mas sim o dia do *não fazer*.

Além do sábado, temos também a proposta do ócio. O termo vem do latim *otiu*, cujo significado é inatividade. Para o filósofo grego Aristóteles, o ócio era a condição ou estado de estar livre da necessidade de trabalhar. Na Grécia, bem como na Roma Antiga, o ócio era considerado um ideal aristocrático, o ápice do experiencia de viver. A vida boa.

Entretanto, hoje em dia muitas pessoas trabalham no sábado mais do que qualquer outro dia útil, e o domingo virou dia de fazer compras no supermercado, lavar o carro, limpar a caixa d'água e dar conta de todas as outras pendências pessoais (ou até mesmo profissionais) que se acumularam durante a semana. Atualmente, o ócio é considerado um comportamento imoral típico de gente desocupada que não tem nada melhor ou mais importante para fazer. Para alguns, o ócio chega a ser aterrorizante e sufocante. Sociólogos e psicólogos afirmam que há até quem sofra de *Horror Vacui*, isto é, uma intolerância extrema ao ócio e o tempo vazio.

Há aqueles que não suportam a ideia de ficar desocupados e entram em pânico quando encontram uma lacuna na agenda. No mundo dos acelerados, existem até aqueles que detestam entrar em férias e ficam estressados quando não há nada para fazer! *Aff*!

Para a professora Christianne Luce Gomes, da Universidade Federal de Minas Gerais e autora de vários livros sobre lazer, atualmente, o ócio é considerado uma afronta para a sociedade: "Pouco nos restou da herança grega que valorizava o ócio... Desde a Modernidade, o ócio passou a ser muito malvisto. Em vez de ser reconhecido como manifestação cultural importante para o ser humano, o ócio vem sendo associado à inutilidade, improdutividade, indolência, vadiagem e preguiça".

Se por um lado há quem defenda os finais de semanas vazios e a nobreza do ócio, de outro, temos os superocupados e *workaholics*. Segundo o Dicionário Oxford, o termo *workaholic* significa viciado no trabalho ou trabalhador compulsivo, numa clara referência a palavra alcoólatra ou *alcoholic*, em inglês. A expressão *workaholic* foi usada pela primeira vez numa matéria do jornal canadense *Toronto Daily Star*, em 5 de abril de 1947.

Como você já deve ter notado, não sou adepto dos estilos *trabalhar demais* e *sempre ocupado*. Quem trabalha demais e está sempre ocupado não é produtivo e, de quebra, sacrifica a vida pessoal e a saúde. Ponto.

Entretanto, aceito o livre arbítrio. Desde que obedeça às normas básicas de conduta, respeito e convívio social, cada um tem autonomia para eleger suas preferências e fazer o que bem quiser com o seu tempo e a sua vida. Há quem diga que detesta férias e acha os finais de semana um desperdício de tempo. Tudo bem. Gosto é gosto. Mesmo assim, sou um pouco cético em relação aos *workaholics*. Para mim, muitas pessoas que trabalham demais e que se auto proclamam *workaholics* são, na realidade, profissionais desorganizados e improdutivos amparados por um título mais pomposo e menos vexatório.

Você há de concordar comigo. É menos ruim ficar alardeando por aí que sou um *workaholic* super dedicado e comprometido com a empresa e o trabalho, do que assumir que, na verdade, sou desorganizado, indisciplinado e que não sei trabalhar direito. As empresas estão cheias de falsos *workaholics*. Conheci, por exemplo, um gestor que preferia trabalhar até mais tarde e assumir o glorioso e respeitado título de *workaholic*, do que expor seus problemas pessoais e voltar cedo para casa. Na verdade, ele não era um *workaholic* autêntico. Estava apenas enfrentando uma grave crise de relacionamento com a esposa e, portanto, preferia ficar no escritório trabalhando a voltar para casa.

Mais tarde, depois de uma conturbada e previsível separação, ele, curiosamente, abandonou o rótulo de *workaholic*, começou a valorizar mais a vida pessoal, frequentar uma academia e evitar horas extras. Usar uma suposta paixão pelo trabalho como justificativa para, por exemplo, menos horas de sono ou menos tempo com a família e os amigos, muitas vezes, é apenas uma encenação capenga aceita sem esforço por uma sociedade que parece dar mais importância para o dinheiro e o status profissional do que o equilíbrio entre a vida profissional e pessoal, a saúde, o bem-estar, os relacionamentos e a família.

Eu amo o meu trabalho. Pensando bem, posso até dizer que sou ligeiramente viciado no que faço. Por outro lado, não uso minha paixão, ou o meu vício, que seja, como uma desculpa piegas para trabalhar demais e disfarçar a minha improdutividade ou qualquer outra coisa.

Enfim, o tempo para não fazer nada é tão importante e necessário quanto o tempo produtivo e de resultados. Não se deixe seduzir pelo ritmo alucinante e sem descanso da sociedade 24/7. Vez ou outra, deixe seus projetos e rotinas para depois por algumas horas ou mesmo por uns dias, e reserve com muito gosto e sem remorso um espaço vazio na sua agenda para desfrutar de um gratificante e nobre momento de ócio. Siga os conselhos de Rita Lee (em "Mania de Você") e do ursinho Pooh, *não há nada melhor do que não fazer nada!*

MÉTODO EINSTEIN – UM RESUMO EM 13 PASSOS

1. No final da tarde ou comecinho da noite, elabore uma lista de tarefas para o próximo dia num caderno, numa caderneta estilo Moleskine ou aplicativo como o Evernote.

2. Divida a lista em três campos, a saber: *o que temos para amanhã? o que temos para hoje?*, e *o que temos para ontem?*

3. Registre no campo *o que temos para amanhã?* as frações dos seus projetos profissionais e pessoais em andamento.

4. No campo *o que temos para hoje?* registre as atividades de rotina e pequenas pendências.

5. Deixe o campo *o que temos para ontem?* livre. Esse campo representa um estoque de tempo disponível para atender crises, interrupções não programadas e imprevistos.

6. Repita esse procedimento acrescentando, pelo menos, mais duas listas para os próximos dias. Por exemplo, na sexta-feira, elabore, de uma só vez, as listas de segunda, terça e quarta-feira. Use uma página para cada lista.

7. Na segunda-feira, comece o dia executando primeiro as frações dos projetos do campo *o que temos para amanhã?* Faça isso sempre que possível. Use a Técnica do Pomodoro ou procure um ambiente livre de distrações para reservar períodos de maior foco e concentração.

8. Cuide das rotinas e pequenas demandas do campo *o que temos para hoje?* somente depois de realizar as frações dos projetos do campo *o que temos para amanhã?* Sempre que possível, simplifique, agrupe ou delegue as atividades de rotina.

9. Inclua com cautela e muito critério as crises e imprevistos que surgirem ao longo do dia no campo *o que temos para ontem?*. Evite atender crises e imprevistos assim que eles surgirem. Registre nas listas dos próximos dias ou na sua agenda as crises e imprevistos que podem esperar. Pratique a protelação consciente.

10. Para uma jornada de trabalho de oito horas, dedique, em média, duas horas (ou um pouco mais) para o campo *o que temos para amanhã?* quatro (ou um pouco menos) para o campo *o que temos para hoje?*, e mais duas para o estoque de tempo do campo *o que temos para ontem?* Portanto, a soma de tempo estimado para atender os campos *o que temos para amanhã?* e *o que temos para hoje?* jamais deve ultrapassar seis horas.

11. Tenha sempre em mente que você nunca terá tempo suficiente para sua lista de tarefas se parar a todo instante para desperdiçar tempo com distrações inúteis e sem valor, como redes sociais e fofocas.

12. Faça pequenos intervalos regulares, sobretudo entre as atividades mais complexas para beber um pouco de água e repor as energias. Aproveite os finais de semana e evite levar trabalho para casa ou esticar a jornada de trabalho. Leve a sério o equilíbrio entre a vida pessoal e profissional.

13. No final do dia, faça um balanço entre o previsto e o realizado. Não se preocupe se não conseguir atender toda a lista. Ninguém tem controle de tudo o tempo todo. Faça também os ajustes que forem necessários nas duas listas que já estavam pré-elaboradas e acrescente mais uma lista à frente, neste exemplo, a lista de quinta-feira. A cada semana, faça uma avaliação um pouco mais abrangente e rigorosa. Pergunte a si mesmo: 1) Que progressos eu fiz durante a última semana? 2) Onde preciso melhorar? 3) O que eu ainda não fiz e preciso fazer para administrar meu tempo com mais eficácia? 4) Quais são os hábitos e comportamentos inadequados que preciso corrigir e que ainda interferem negativamente na administração do meu tempo?

Quadro 12 – Método Einstein resumo

PARTE IV

Na última parte deste livro vamos tratar de mais dois pontos importantes, que também fazem parte do desafio de administrar bem o tempo: os conceitos de papéis e propósito de vida.
Para encerrar um capítulo extra sobre os rumos da administração do tempo e um desafio final para você, leitor.

PAPÉIS

> "As pessoas aprenderam a trabalhar em casa no domingo, mas ainda não sabem ir ao cinema na terça à tarde".
>
> Ricardo Semler (1959–)
> Empresário e escritor
> brasileiro

Vira e mexe, encontramos nos filmes do cinema ou nas séries da televisão um único ator ou atriz interpretando vários personagens. Em 1949, 28 anos antes de dar a vida ao Mestre Jedi Obi-Wan Kenobi, nos três primeiros filmes da saga *Star Wars*, o consagrado ator britânico Alec Guinness (1914–2000), interpretou oito diferentes personagens no clássico *As Oito Vítimas* (*Kind Hearts and Coronets*). Guinness fez os papéis de um duque, um banqueiro, um vigário, um general e um almirante, bem como da lady Agatha D'Ascoyne e dos jovens Ascoyne D'Ascoyne e Henry D'Ascoyne.

Façanha quase igualada em 1996, pelo impagável Eddie Murphy e seus sete personagens no remake de *O Professor Aloprado* (*The Nutty Professor*)[1].

Na comédia besteirol dirigida por Tom Shadyac, Murphy interpretou, além do recatado professor Sherman Klump e de seu alter ego Buddy Love, outros cinco personagens. Entre eles a mãe e a avó sem noção de Sherman Klump. Ou seja, três gerações de uma mesma família.

Mais recentemente, e encerrando esta pequena lista, temos a vencedora do Emmy de Melhor Atriz em Série Dramática, em 2016, Tatiana Gabriele Maslany e suas onze personagens, ou para ser mais exato, clones, nas cinco temporadas da série canadense de ficção científica e suspense *Orphan Black*, e a Sueca Noomi Rapace e suas sete personagens, todas irmãs, no sombrio thriller de ficção científica *Onde está segunda?*, da Netflix.

Mas, afinal, qual é a relação entre o modo como gerimos o nosso tempo e Alec Guinness, Eddie Murphy, Tatiana Maslany ou Noomi Rapace? De certo modo, podemos afirmar que, no nosso dia a dia, também interpretamos diferentes papéis ou personagens, tal como Eddie Murphy em *O Professor Aloprado* ou Tatiana Maslany em *Orphan Black*. Eu, por exemplo, desempenho meus papéis de palestrante, empreendedor, marido, pai, filho, tio, esportista, estudante, entre outros... Somos todos únicos, enquanto todos somos também o resultado da soma dos nossos vários papéis.

Ilustração 24 – Papéis

Em meus cursos, costumo aplicar uma dinâmica onde peço aos participantes que relacionem e avaliem o desempenho dos seus principais papéis (incluí uma versão adaptada desta dinâmica um pouco mais à frente, no final deste capítulo). A lista de possibilidades é imensa, algumas vezes inusitada e, evidente, varia de pessoa para pessoa e conforme seu momento de vida. Já tive alunos com os papéis de jardineiro, cantor, músico, aventureiro, paraquedista, contador de histórias, criador de galinhas, apicultor, torcedor do XV de Jaú, observador de pássaros, mochileiro, pescador, churrasqueiro, pastor, colecionador de rolhas de garrafas de vinho, prefeito, nerd, blogueiro, desenhista, carpinteiro, mecânico amador, skatista, tatuador, maratonista, caçador de autógrafos, grafiteiro e por aí vai...

Alguns papéis são mais perenes e nos acompanham por boa parte da vida, enquanto outros são esporádicos ou limitados a um determinado momento. Os papéis de filho, de estudante, de esportista ou de profissional, por exemplo, costumam ser mais permanentes, ao passo que os papéis de turista ou de mesário nas eleições são esporádicos, e algumas versões, como o papel de estudante, são restritas à duração de um curso específico.

Seja como for, todos os papéis passam por transformações ao longo da vida. Um bom exemplo são os papéis de filho (ou filha). Enquanto somos mais jovens, exercer o papel de filho (ou filha) costuma ser bem tranquilo. Entretanto, na medida que o tempo vai passando, os papéis se invertem e muitos filhos assumem a responsabilidade de amparar os pais idosos. O papel permanece com o mesmo nome, mas o seu exercício vai gradativamente ganhando novos contornos e desafios. Outros exemplos são os papéis de pai (ou mãe) e o de profissional. Quem tem filhos, sobretudo aqueles com filhos de idades diferentes, sabe muito bem que ser pai (ou mãe) de filhos com, vamos supor, cinco, quinze ou vinte e cinco anos são experiências completamente distintas. Tenho um amigo que diz que filhos são como games. A próxima fase é sempre mais difícil e não tem como retornar para a fase anterior. É bem isso.

Algo parecido acontece com o papel de profissional. Muitos começam a exercer o papel de profissional como estagiários ou trainees antes de assumir outros cargos de maior responsabilidade e complexidade. Ser estagiário, encarregado, gerente ou CEO são experiências bem diferentes, apesar de todas estarem debaixo do mesmo guarda-chuva, isto é, do papel de profissional.

De modo geral nossos papéis representam duas diferentes categorias. Um papel pode servir como facilitador do relacionamento entre nós e um grupo de pessoas (ou uma pessoa específica), como também permitir que você desfrute de momentos de introspecção e solidão. Os primeiros são os papéis sociais ou de relacionamento, e os seguintes são os papéis do EU.

PAPÉIS SOCIAIS

Como comentei há pouco, desempenhamos um papel social para e através de outra pessoa ou um grupo de pessoas. Os papéis sociais são personagens que criamos, ou herdamos (como os papéis de filhos ou netos), para facilitar e criar vínculos de relacionamento. Um pai exerce o papel de pai porque tem filhos. Do mesmo modo que um filho tem pais, um neto tem avós, um pastor tem fiéis, um professor tem alunos, um tio tem sobrinhos, um blogueiro tem seguidores, um gestor tem subordinados e um vendedor tem clientes e colegas de trabalho. Não é possível, e não faz sentido, por exemplo, exercer o papel de vendedor sem clientes, tampouco o de professor sem alunos ou o de neto sem avós.

Muitas vezes, os papéis sociais são tão curiosos e divertidos como os inúmeros exemplos do cinema e da televisão. Do mesmo modo que Sherman Klump e Buddy Love, os dois principais personagens de Eddie Murphy em *O Professor Aloprado*, têm comportamentos e personalidades completamente antagônicas, é muito comum desenvolvermos um estilo próprio e peculiar para nossos diferentes papéis sociais. Não é todo mundo que age da mesma forma quando desempenha, por exemplo, o papel de profissional e o papel de pai (ou mãe). Muitos profissionais discretos e recatados são, por outro lado, pais extrovertidos e brincalhões (ou o contrário!). Se você observar bem, até os figurinos dos papéis sociais costumam ser diferentes. Uniforme ou traje social para o papel de profissional. Chinelo, bermuda e camiseta para o papel de pai.

Lembro que a Lívia, minha filha caçula, então com seus dois ou três anos, ficava ressabiada quando eu usava paletó e gravata. Ela agia como se eu, no meu traje de profissional, fosse um completo estranho.

Meu tio, que era médico em Jundiaí, também comentava que os pacientes do seu consultório ficavam visivelmente desconfortáveis nas raras vezes que ele atendia sem o tradicional jaleco branco. Numa carta dirigida a estudantes de medicina, Celmo Celeno Porto, Professor Emérito da Faculdade de Medicina da Universidade Federal de Goiás (UFG) e Doutor em Medicina pela Faculdade de Medicina da Universidade Federal de Minas Gerais, alerta que adquirir a aparência de médico é um dos principais componentes do lento processo de tornar-se médico. Poucos exemplos são tão simbólicos. O senso comum nos faz acreditar que médico sem jaleco branco e estetoscópio pendurado no pescoço não é médico. Em algumas situações, vestir o traje do personagem é tão importante quanto interpretar esse personagem[2].

PAPÉIS DO EU

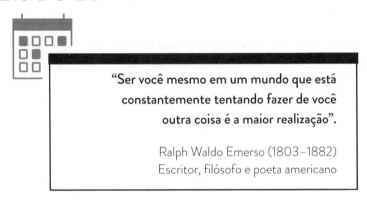

"Ser você mesmo em um mundo que está constantemente tentando fazer de você outra coisa é a maior realização".

Ralph Waldo Emerso (1803–1882)
Escritor, filósofo e poeta americano

Por sua vez, os papéis do EU (assim mesmo com letras em caixa alta para destacar sua importância), insinuam um movimento no sentido oposto dos papéis sociais. No exercício dos papéis sociais, seu olhar está voltado para os outros. Nos papéis do EU, seu olhar está voltado para você. Em geral, o exercício dos papéis do EU está relacionado a momentos de isolamento e introspecção. Experimentamos os papéis do EU quando, por exemplo, estamos sozinhos a caminho do trabalho ou voltando para casa, e aproveitamos essa oportunidade para divagar em nossos pensamentos, projetos, lembranças e preocupações.

Note que nesses momentos você não está usando máscaras ou interpretando nenhum personagem para quem quer que seja. No exercício do papel do EU, você não é o Lucas Jornalista ou a Bruna Analista de RH. Você é apenas Lucas ou apenas Bruna. O papel do EU remete à sua essência. Outros momentos íntimos e pessoais como uma caminhada, um momento de

---

2 Fonte: http://genmedicina.com.br/2016/09/09/a-aparencia-do-medico-e-a-do-estudante-de-medicina/. Porto, Celmo Celeno. Carta aos estudantes de Medicina. Rio de Janeiro: Guanabara Koogan; 2014. Acesso em 14/10/2019.

leitura, de meditação, de contemplação ou oração são bons exemplos de vivência de papéis do EU.

PAPÉIS SOCIAIS	PAPÉIS DO EU
São papéis que você interpreta para e através dos outros.	São papéis ligados aos momentos de introspecção, isolamento e solidão.
Remetem à parcela do seu tempo ocupada com as interações sociais.	Remetem à parcela de tempo reservada para você.
• Profissional • Pai ou mãe • Marido ou Esposa • Filho ou Filha • Voluntário	• Espiritual • Colecionador (ou outro hobby qualquer) • Estudante • Esportista

Quadro 13 – Papéis Sociais e Papéis do Eu

Observe também que em alguns cenários experimentamos uma fusão, bem como uma alternância entre os papéis sociais e os papéis do EU.

Tenho uma amiga, por exemplo, que é praticante de Ioga, um clássico exemplo de papel do EU. Entretanto, ela participa das aulas de Ioga com um grupo de colegas, o que faz com que suas aulas sejam também uma experiência de papel social. Uma atividade física ou um hobby (como colecionismo, jardinagem, música, tricô, pintura ou artesanato, entre outros...) pode representar um papel social para alguns ou um papel do EU para outros. Durante a semana, costumo pegar a minha bicicleta e pedalar sozinho pelo campus da USP ou na Ciclovia da Marginal em São Paulo (papel do EU). Nos finais de semana, costumo fazer trilhas com um grupo de colegas (papel social). Durante a semana, sigo pedalando e pensando na vida, divagando nos meus pensamentos. Nos finais de semana, além de aproveitar o visual do campo, fico pensando também na cerveja bem gelada que vou tomar com meus amigos de pedal depois que concluir a trilha.

Há quem goste de estudar sozinho (papel do EU) e quem aprecie o burburinho, as brincadeiras e o caos de uma sala de curso preparatório para vestibular lotada (papel social). Até mesmo o exercício da sua espiritualidade (que, em tese, é algo bem íntimo), costuma oscilar entre papel do EU e papel social. Seja como for, a mensagem é clara. É tão importante e necessário dedicar tempo para você (papel do EU), como ter tempo para os outros (papéis sociais).

TIME DE PAPÉIS

Gosto de fazer uma analogia entre nosso conjunto de papéis, com um time de futebol, onde, independentemente da importância da posição e da contribuição de um atacante, volante ou um goleiro, os resultados são, predominantemente, fruto do trabalho em equipe. Com frequência, assistimos times fracos com atacantes espetaculares amargarem derrotas históricas, do mesmo modo que encontramos clubes com jogadores medianos, mas um grande senso de equipe e um bom planejamento tático, empreenderem campanhas extraordinárias.

Meu exemplo predileto, e ligeiramente masoquista, é a inesquecível e vexatória Copa de 2014 (aquela dos 7 a 1), onde a seleção de Portugal, com o craque Cristiano Ronaldo, foi eliminada na primeira fase do torneio, enquanto que a seleção da Alemanha, com uma equipe bem entrosada e bons jogadores — mas nenhum do nível de Cristiano Ronaldo, Lionel Messi ou Neymar — levou para casa seu quarto título mundial. De modo geral, seja na escalação de um time de futebol, como no exercício dos seus papéis, a eficiência e o entrosamento da equipe são sempre mais importantes do que os talentos individuais.

Infelizmente é muito comum encontramos pessoas que supervalorizam o seu papel de profissional, em detrimento de outros papéis. Perceba que não estou desprezando ou minimizando a importância do papel do profissional. De certo modo, podemos entender que o papel do profissional equivale à posição de atacante num time de futebol. Assim como o atacante marca gols e contribui significativamente para a vitória do time, é o exercício do seu papel de profissional que, entre outros aspectos, garante sua renda e a segurança da sua família.

Entretanto, é indispensável que exista uma boa dose de equilíbrio e sinergia entre os seus papéis. De que adianta ser um profissional bem-sucedido, mas também um pai ausente, um esportista esporádico e um estudante displicente? Enquanto o seu papel de profissional garante sua renda e segurança, os seus outros papéis contribuem para que você não só tenha contas pagas e dinheiro no banco, mas também saúde, bem-estar, afeto e equilíbrio emocional e espiritual.

O que ocorre é que, muitas vezes, mesmo que inconscientemente, permitimos que o papel de profissional assuma o controle absoluto de nossa vida e de nosso tempo, como se acumulasse as funções de atacante, técnico, preparador físico, dirigente e dono do time, do campo e da bola.

Acontece que o papel de profissional não costuma ser um técnico competente. Ele pode ser muito bom para gerar renda, mas quando assume o comando do time de papéis, costuma tomar algumas decisões equivocadas e tendenciosas, como monopolizar todo o tempo disponível, desprezar outros papéis importantes e colocar no banco de reservas, ou até mesmo dispensar do time papéis essenciais como os de pai, companheiro, estudante ou esportista.

Com certeza você conhece algumas pessoas que, por exemplo, sacrificam seus papéis de pai (ou mãe), de esportista ou estudante em benefício de seu papel de profissional. Lamentavelmente, essa história se repete com frequência. Vivemos cercados de exemplos de pessoas que vivem, literalmente, para atender somente às exigências do papel de profissional.

Esse cenário complicado já serviu, inclusive, de inspiração para o cinema. Em 2006, Adam Sandler, Kate Beckinsale e Christopher Walken estrearam uma divertida crítica sobre os workaholics e a resignação sem limites para o papel do profissional na comédia dramática *Click*, dirigida pelo cineasta Frank Coraci. Na película, Sandler interpreta Michael Newman, um arquiteto consumido pelo papel de profissional que ganha um misterioso controle remoto com o qual ele consegue avançar no tempo e deixar para trás partes supostamente desagradáveis da vida, como os papéis de marido, de pai e até mesmo de dono de cachorro. Bom para rir e refletir.

O fato é que nenhum papel social, por mais importante que ele seja, tem competência para assumir o cargo e a responsabilidade de técnico do seu time de papéis. O exercício da liderança dos papéis está mais para o papel do EU. Para a sua versão mais isenta, ponderada e reflexiva. Ou seja, o Lucas Jornalista e a Bruna Analista de RH podem ser profissionais extremamente competentes e responsáveis, mas não cabe a eles, e sim ao Lucas ou a Bruna (papéis do EU), exercer com equilíbrio e imparcialidade à liderança do seu time de papéis.

Por outro lado, não vamos ser ingênuos a ponto de imaginar que basta dividir nosso tempo em partes iguais para cada um dos nossos papéis. Que bom seria se a vida do Lucas, da Bruna e de todos nós fosse tão simples assim. Como você já sabe, gostando ou não, o papel de profissional, com raras exceções, consome muito mais tempo do que a soma de todos os outros papéis. De modo geral, passamos mais tempo trabalhando do que na companhia da família ou dos amigos.

Desconfio que seja por esse mesmo motivo, como também por conta da sua importância relativa, que muita gente elabore listas de tarefas contemplando apenas as demandas do papel profissional. Como você já deve ter concluído, essa não é uma boa ideia. As melhores listas de tarefas atendem todos os seus papéis sem dar margem para que a sua vida seja monopolizada pelo papel de profissional. Uma lista que contemple as demandas e necessidades de todos os papéis conduz a uma vida plena, equilibrada e sustentável, enquanto uma lista que atenda apenas ao papel profissional pode fazer com que os outros papéis sejam reduzidos a meros figurantes sem importância.

SEUS PAPÉIS | AUTOAVALIAÇÃO

Relacione no quadro a seguir todos os papéis que você gostaria de viver intensamente em sua vida, tais como pai (ou mãe), marido (ou esposa), filho, amigo, estudante, voluntário, esportista, músico, viajante, escritor, profissional, entre outros.

Em seguida, assinale com um X o ícone que melhor represente o momento atual de cada papel. Por exemplo, assinale um X na coluna relativa ao ícone com um sorriso escancarado para os papéis que estão num excelente momento de vida. Por sua vez, assinale com um X na coluna do ícone da bomba no papel de esportista, se atualmente você estiver sedentário.

Quadro 14 – Papéis – Autoavaliação

Após preencher e avaliar o quadro com sua lista de papéis, responda as perguntas a seguir:

A. Está claro para você qual é a contribuição de cada um de seus papéis na busca de uma vida equilibrada e de qualidade? Seus papéis estão comprometidos com a realização dos seus projetos e a manutenção da sua qualidade de vida?

B. Você vive algum papel que apenas consome o seu tempo e não agrega valor à sua vida? Você é capaz de excluir, ou ao menos atenuar, o impacto negativo desse papel em sua vida?

C. Você tem papéis negligenciados? Que medidas você pode tomar para corrigir esse cenário?

D. Você sente a ausência de algum papel importante em sua vida? O que você pode fazer para inserir ou resgatar esse papel?

E. Você tem papéis que roubam o seu tempo e interferem no desempenho de outros papéis? O que você pode fazer para corrigir essas distorções?

DUAS LISTAS?

Elaborar uma lista de tarefas para o papel profissional e outra para o somatório de todos os outros papéis, ou seja, uma lista para a vida profissional e outra para a vida privada, é outro equívoco relativamente comum. Olhando para trás, nem é tão difícil entender por que isso acontece. Não faz muito tempo, os espaços entre vida profissional e vida privada eram bem distintos e demarcados. Antes da internet, dos e-mails, das reuniões via Skype e do WhatsApp, levar trabalho para casa, ou levar a casa para o trabalho, era algo bem esporádico e muitas vezes impraticável. Entre os anos 1960 e 1970, por exemplo, trabalhar no fim de semana era o equivalente a carregar duas ou três pastas de arquivo morto cheias de papéis e uma máquina de escrever de oito quilos do escritório para casa no porta malas de um Fusquinha (e pensar que hoje em dia há quem reclame do peso de um notebook).

Nessa época, até que fazia sentido usar duas listas de tarefas ou duas agendas. Uma ficava em casa e a outra no escritório. Os tempos mudaram, mas, por algum motivo inexplicável, o hábito de fazer duas listas ou usar duas agendas foi atravessando gerações e passando de pai para filho. Você há de concordar comigo, não tem mais o que justifique usar duas agendas. Na sociedade 24/7 já não existem barreiras dividindo o tempo do trabalho e o tempo da vida privada. Hoje, participamos de reuniões pelo Skype e respondemos e-mails profissionais em casa e durante os finais de semana, bem como agendamos consultas, pagamos contas pessoais ou ligamos para a escola dos filhos durante a jornada de trabalho.

Isso sem contar os profissionais com jornada de trabalho flexível e aqueles que fazem home office e trabalham em casa, a dois metros de distância do bolo de cenoura que está assando na cozinha. Podemos desempenhar vários papéis, mas a vida é uma só, sem barreiras, limites ou compartimentos isolados, logo, nesta nova realidade, a melhor alternativa é usar apenas uma lista de tarefas que abrace, sem distinção ou favoritismo, todos os nossos universos e papéis.

PROPÓSITOS

"Uma vida sem propósito é uma morte prematura".

Johann Wolfgang von Goethe
(1749–1832)
Filosofo, escritor e
estadista alemão

De acordo com Dicionário Michaelis, *propósito é o objeto (ou objetivo) que se tem em vista. É relativo a uma meta, a um alvo, a algo que se pretende alcançar ou conquistar.* O termo deriva do latim *propositus* que, por sua vez, significa intensão. Parece simples. Entretanto, o que é aparentemente simples nos dicionários, às vezes, não é tão fácil de se experimentar na prática. Um exemplo que, na minha opinião, ilustra muito bem a diferença entre a ausência ou presença de propósito no exercício de um papel qualquer, é a distinção que os profissionais de recursos humanos costumam fazer entre os conceitos de emprego e trabalho.

No jargão corporativo, pessoas que exercem o papel de empregados são aquelas que carregam um crachá, batem o ponto, recebem salário, décimo terceiro e férias, mas que também reduzem a experiência profissional a uma simples troca. O empregado entra com seu tempo, conhecimento e mão de obra, e o empregador, em contrapartida, oferece um salário e alguns benefícios.

Muitas vezes, o emprego é encarado como um castigo, uma obrigação desagradável, um mal necessário parcialmente compensado por um salário sempre abaixo das expectativas e pela possibilidade de, uma vez por ano, passar as férias com a família. Já as pessoas que exercem o papel de trabalhadores são aquelas que, além de crachá, salário, férias e tudo mais, alimentam também um forte sentimento de propósito. O trabalho é visto como uma ocupação digna e gratificante que, além de remunerada, oferece desafios, experiências enriquecedoras e inúmeras oportunidades de aprendizado e crescimento pessoal e profissional. Retomando minha analogia dos atores e atrizes, podemos ainda dizer que quem tem emprego é figurante e quem tem trabalho é protagonista. Não é à toa que uma das perguntas mais frequentes nos processos de recrutamento e seleção é: você procura um emprego ou um trabalho? São raras as boas empresas dispostas a contratar figurantes.

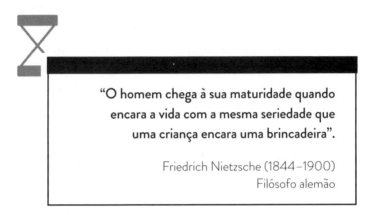

"O homem chega à sua maturidade quando encara a vida com a mesma seriedade que uma criança encara uma brincadeira".

Friedrich Nietzsche (1844-1900)
Filósofo alemão

É bem verdade que nem tudo o que fazemos no exercício de uma profissão, seja ela qual for, é prazeroso e desafiador, como também é verdade que muitos de nós, sobretudo no início da vida profissional, não desejávamos nada mais além de um bom emprego de meio expediente, perto de casa e com um salário que fosse suficiente para bancar a balada do fim de semana, umas roupas novas e alguns CDs (ou discos de vinil para os mais vividos ou uma assinatura do Spotify para os mais jovens).

Logo, não se culpe por não gostar de fazer tudo que sua profissão exige, tampouco de ter passado alguns anos da sua vida só pensando no salário no final do mês e sua próxima balada ou visita ao shopping. Isso é natural, faz parte do nosso processo de amadurecimento. Note também que a presença ou a ausência de um sentimento de propósito no exercício do papel de profissional não está, necessariamente, relacionada ao status da profissão ou cargo que você exerce. Encontramos médicos, advogados, professores e engenheiros desmotivados, apáticos e com jeitão de figurantes, que apenas trabalham por trabalhar, com a mesma facilidade que encontramos grandes protagonistas com um intenso sentimento de propósito entre garis, diaristas, ambulantes, enfermeiros ou taxistas.

Perceba ainda que o mesmo fundamento sobre a presença ou ausência de propósito vale para qualquer outro papel. O que faz de você um bom profissional não é o seu crachá, do mesmo modo que não basta uma certidão de nascimento, ou a carteirinha da Unes (União Nacional dos Estudantes), para que você seja um bom pai (ou mãe) ou um bom estudante.

Faça uma reflexão e responda com sinceridade: todos os papéis que você exerce são imbuídos de um legítimo senso de propósito ou são apenas meros figurantes? Você é capaz de apontar ao menos um importante projeto ou objetivo relacionado com cada um de seus papéis? Não se permita viver seus papéis, mesmo que sejam apenas um ou dois, apenas para cumprir tabela e manter as aparências.

QUALIDADE VERSUS QUANTIDADE

Como vimos, o exercício do papel do profissional demanda, aproximadamente, 1/3 do nosso tempo disponível. Sono, descanso, alimentação e higiene pessoal consomem mais um terço. Incluindo as folgas dos finais semana, sobram apenas cerca de 60 horas por semana (ou menos) para distribuir entre todos os outros papéis.

> "Em um momento se vive uma vida...".
>
> Al Pacino em *Perfume de Mulher*, filme americano de 1992, dirigido por Martin Breast

Não custa repetir que não é possível transformar dias de 24 horas em dias de 36 horas, tampouco acrescentar três domingos numa semana (exceto, talvez, nos eventuais feriados prolongados). A solução para esse desafio pode não ser ideal, mas é sensata e factível. Compense com qualidade a pouca quantidade de tempo que você pode dispor para cada papel. Desligue a televisão e o smartphone e transforme, por exemplo, as refeições em família numa oportunidade para conversar, rir, brincar, partilhar experiências, orientar e educar os filhos.

Não troque a sua família pelos *posts* tolos do Instagram, por um capítulo de novela ou uma série do Netflix. Se for o caso, assista sua série depois do jantar, mas nunca durante o jantar. Transforme pequenos momentos em grandes experiências. Em minha casa, nos aniversários, datas comemorativas e feriados, costumamos reunir a família e amigos mais chegados para prepararmos juntos um generoso caldeirão de *capeletti in brodo*[1], uma sopa típica da Itália, cuja receita se confunde com a história da família da minha mãe.

Aprendi a fazer o *capeletti* com minha vó Eurica, que aprendeu com a minha bisavó Regina, que por sua vez, herdou a receita da minha tataravó Marina e por aí vai...

Fazemos a massa, o recheio e o caldo com uma galinha caipira que fica cozinhando quase a noite toda. Mais do que um prato saboroso, nosso *capeletti* é uma experiencia em família. Um momento de confraternização e celebração. Apesar do trabalhão (montar, um a um, mais de 1.000 não é fácil), o tempo entre preparo e consumo do *capeletti* é bem pequeno e raro se comparado ao tempo que passo trabalhando ou viajando e exercendo meu papel de profissional. Por outro lado, a experiência é sempre muito intensa e prazerosa.

A mesma recomendação vale para vários outros papéis. Se você exerce o papel de estudante, não desperdice esse tempo precioso conversando ou divagando durante as aulas. Não vale a pena exercer o papel de estudante sem afinco e dedicação. Você pode se arrepender mais tarde. Seus pais ou avós moram longe e você não tem tempo para visitá-los frequentemente? Deixe as desculpas de lado e pegue um telefone ou faça uma chamada de vídeo ao menos uma vez por semana.

Não é o ideal, mas, muitas vezes, uma conversa calorosa e sincera de apenas cinco minutos ao telefone pode fazer toda a diferença. Com boa

---

1 O *capeletti* foi criado no século XII ao norte da Itália na região Emília-Romanha, cuja capital é Bolonha. A receita tem este nome porque o seu formato lembra os antigos chapéus medievais. Em italiano, *capeletti* significa pequeno chapéu, ao passo que *brodo* significa caldo. *Capeletti in brodo* é, portanto, uma sopa de *capeletti*.

vontade e planejamento, muitas pessoas também são capazes de organizar encontros relativamente frequentes com familiares mais distantes, amigos da infância ou colegas da escola e da faculdade. Faça o mesmo para férias e viagens. Uns 15 ou 30 dias de férias equivalem a uma tímida fração dos 365 dias do ano, entretanto, uma viagem de férias intensa e bem planejada, é uma experiência incomparável que carregamos na lembrança por toda a vida.

Conclusão: com método, organização e dedicação, podemos, sim, encontrar tempo para exercer com qualidade todos os nossos papéis.

UMA LUZ NO
FIM DO TÚNEL

esde a transição da Geração X para a Geração Y, e assim sucessivamente, temos observado que os novos profissionais buscam cada vez mais o equilíbrio entre a vida profissional e a vida pessoal. Coisa que, por exemplo, passava longe da cabeça conservadora da Geração X.

Enquanto os nascidos entre os anos 1960 e começo dos anos 1980 *vestiam a camisa da empresa* e construíam carreiras sólidas e estáveis de décadas na mesma organização, os jovens das novas gerações não pensam duas vezes quando surge uma nova oportunidade de trabalho que ofereça, digamos, mais conforto aliado a desafios mais estimulantes ou um chefe mais *gente boa.*

Os bem sucedidos da Geração X posavam de paletó e gravata nas capas da Revista Exame. As capas da Geração Z exibem CEOs de bermuda e camiseta com um notebook numa mão e uma prancha de surf na outra. O crachá já não é mais uma instituição intocável, e reter talentos é um dos maiores desafios dos profissionais de recursos humanos contemporâneos.

Não é raro, por exemplo, encontrar jovens promissores que deixaram de lado o conforto e a segurança de uma grande empresa para fazer um mochilão, ser voluntário numa ONG na África, dar uma guinada de 180 graus na carreira e mudar de direito para engenharia, ou empreender por conta própria numa startup de entrega de *cards* do Pokémon com drones.

Enquanto no Brasil ainda vivemos o que eu chamo de paradoxo do trabalho, isto é, *muitas pessoas trabalhando demais, enquanto muitas pessoas não conseguem trabalho*, sobretudo na Europa, a redução das jornadas de trabalho gera cada vez mais empregos, ao mesmo tempo que alavanca a economia.

Sim, pois pessoas com jornada de trabalho reduzida tem mais tempo livre para trabalhar como voluntário, cuidar dos pais e avós idosos, educar os filhos, curtir a família e os amigos ou *consumir* mais cursos de idiomas, de artesanato, de dança, MBAs, pós-graduações, espetáculos, shows, teatros, barzinhos, restaurantes, cinemas, academias, bikes, games, livros, viagens, gatos, cachorros, hamsters e tudo mais.

Tenho uma amiga que conheci na sede da Volvo, aqui no Brasil, em Curitiba. Hoje ela vive na Suécia e cumpre um regime de seis horas na matriz da empresa em Gotemburgo, a segunda maior cidade do país escandinavo. Aqui ela trabalhava oito horas por dia e não tinha tempo para mais nada, exceto para enfrentar horas de trânsito de casa para o trabalho e do trabalho até sua casa. Na Suécia, ela trabalha menos (mas afirma ser tão produtiva quanto antes), frequenta uma escola de dança e todas as tardes sai para passear com seu cachorro. Bom para ela e para a Volvo. Bom também para a escola de dança, para a clínica veterinária e para o pet shop do seu labrador. A economia gira. Quando escrevi este capítulo, a taxa de desemprego na Suécia era de mais ou menos 6% e a do Brasil 12%.

A redução das jornadas de trabalho, ou até mesmo as semanas com apenas quatro dias uteis[1], ainda contribuem para a diminuição do consumo de energia, de congestionamentos e de emissões de carbono, bem como melhoram a saúde, a autoestima e a vida social dos trabalhadores.

É bem verdade que para nós essa nova realidade ainda está pelo menos um oceano (ou muitas décadas) de distância, e que muitos outros fatores como educação, história, desenvolvimento, cultura e interesses políticos e econômicos interferem nos resultados dessa complexa equação, mas sou otimista, e mesmo aqui já tive a gratificante oportunidade de trabalhar com empresas (a maioria delas europeias) com o firme propósito de não só

---

1 Fonte: https://www.infomoney.com.br/carreira/semana-de-4-dias-uteis-eleva-produti vidade-em-40-na-microsoft-japao/ acesso em 04/01/2020 e https://revistapegn.globo. com/Dia-a-dia/Gestao-de-Pessoas/noticia/2019/02/empresa-testa-modelo-com-apenas-quatro-dias-uteis-e-resultados-sao-surpreendentes.html. Acesso em 04/01/2020.

alavancar a produtividade de seus colaboradores, como também promover uma vida mais equilibrada e saudável.

Para muitas empresas o *trabalhar mais para ganhar mais* está gradativamente perdendo espaço para o *trabalhar melhor para viver melhor.*

Ainda que a redução das jornadas de trabalho seja um sonho longínquo em nossas praias, por outro lado, temos um movimento cada vez mais forte em prol do teletrabalho e das jornadas de trabalho flexíveis. Não é o ideal, mas já ajuda bastante.

Devagar, estamos abandonando a ótica antiquada, coronelista e veladamente escravagista que dá mais valor ao relógio de ponto do que à produtividade. Os novos líderes valorizam mais os colaboradores produtivos que entregam excelentes resultados em menos tempo, enquanto cada vez menos empregadores aturam os funcionários *presenteistas*[2] que apenas registram seus horários de chegada e saída assiduamente.

Seja sincero, quantas pessoas você conhece que de fato trabalham oito horas por dia? Dezenas de pesquisas comprovam que a maioria das pessoas com jornadas de oito horas trabalham apenas seis horas e enrolam duas entre cafezinhos, fofocas, redes sociais e compras no mercado livre. Por que, então, não deixar a demagogia de lado e assumirmos todos que, de fato, só trabalhamos seis hora por dia?

Hoje, você, querido leitor, provavelmente está lendo um pouco deste livro por dia no transporte público ou nos últimos dez minutos do intervalo do almoço. Faço votos de que, num futuro bem próximo, você leia muitos outros bons livros sentado no banco de um parque enquanto passeia com seu cachorro e desfruta de algumas horas livres de uma jornada de trabalho reduzida ou flexível.

---

2 Presenteistas são os funcionários que estão fisicamente presentes no trabalho, mas ausentes mentalmente, ou seja o presenteísmo equivale a um absenteísmo disfarçado. O funcionário apenas faz de conta que está trabalhando enquanto enrola o chefe, passeia pelas redes sociais e pesquisa pacotes de cruzeiros na internet. Estima-se que no mundo todo o presenteísmo gere mais prejuízo para as empresas e para a economia que o absenteísmo.

16

DESAFIO
FINAL

"Existe um mistério muito grande que, no entanto, faz parte do dia a dia. Todos os seres humanos participam dele, embora muito poucos reflitam sobre ele. A maioria simplesmente o aceita, sem mais indagações. Esse mistério é o tempo. Existem calendários e relógios que o medem, mas significam pouco, ou mesmo nada, porque todos nós sabemos que uma hora às vezes parece uma eternidade e, outras vezes, passa como um relâmpago, dependendo do que acontece nessa hora. Tempo é vida. E a vida mora no coração."

Trecho de *Momo e O Senhor do Tempo*
de Michael Ende (1929–1995)
Escritor alemão

O tempo é representado por dois deuses na mitologia grega. *Cronos*, filho de Urano e Gaia, é o regente do tempo medido, do relógio, do cronômetro (o que é óbvio), do calendário, dos compromissos e das ações repetitivas. *Kairós*, por sua vez, é o deus da ampulheta, governa o tempo vivido, experimentado, aproveitado, saboreado e bem utilizado.

Poderoso e implacável, *Cronos* refere-se ao tempo sequencial, ao movimento linear e constante com um princípio e um fim, como uma fila no banco ou a sala de espera no consultório do dentista. *Kairós*, despreocupado e *bon vivant*, representa o tempo da oportunidade e do prazer, como um final de semana com os amigos, ou aquele trabalho que fazemos somente porque gostamos de fazer.

Ilustração 25 – Tempo de Cronos e de Tempo de Kairós

Do toque do despertador ao relógio de ponto, vivemos sobre a regência de *Cronos*. Por vezes, parece até que os ponteiros do relógio apontam para a direção que devemos seguir: a próxima reunião, a próxima aula, a próxima viagem de negócios. De fato, não é de hoje que, do alto das torres das igrejas, estações de trens e aeroportos, os relógios comandam a vida das pessoas. Somos todos reféns de prazos, metas, compromissos e do horário da próxima composição ou do próximo voo.

No início deste livro, afirmei que tempo é um recurso extremante raro e valioso e que, por sua vez, administrar o tempo com eficácia equivale a alcançar os melhores resultados através do uso inteligente e disciplinado deste recurso. Esta é a minha definição pragmática de administração do tempo. Mas tenho também a minha definição filosófica, que, a propósito, é a minha definição favorita. Administrar bem o seu tempo é ser capaz de construir uma relação de parceria, de cumplicidade, entre os tempos de *Cronos* e de *Kairós*, entre o tempo dos prazos, metas e compromissos, e o tempo dos amigos, dos momentos bem vividos, da alma e da contemplação.

Observe por um instante os ponteiros do seu relógio ou o mostrador digital do seu smartphone. Agora vá até a janela mais próxima e repare no movimento da rua, as pessoas indo e vindo, os pássaros. Note que o tempo não está no relógio. Os ponteiros são apenas uma representação do tempo. O relógio é somente uma analogia, uma ferramenta de planejamento e controle. Muito útil, por sinal, mas é só isso.

O tempo está lá fora, na vida que acontece. A vida está no sorriso inocente das crianças, no abraço dos amigos, no carinho das pessoas que amamos, nos novos lugares e nos lugares de sempre, nos pequenos e grandes prazeres, nos desafios e nas conquistas, nos tombos e no levantar-se outra vez.

Meu último desafio. Permita-se, vez ou outra, esquecer essa história chata de produtividade e o tique-taque antipático e opressor do relógio. Respire profundamente e preste mais atenção nas batidas do seu coração.

Aproveite a vida!

BIBLIOGRAFIA

ACHOR, Shawn. *O jeito Harvard de ser feliz*. São Paulo, Editora Saraiva, 2012.

ALEXANDER, Roy. *Guia para a administração do tempo*. Rio de Janeiro, Campus, 1994.

ALLEN, David. *Gerencie sua mente não seu tempo*. São Paulo, Landscape, 2007.

ALLEN, David. *A arte de fazer acontecer*. Rio de Janeiro, Elsevier, 2005.

ASHKENAS, Ron. *Simplesmente eficaz*. São Paulo, Editora DVS, 2011.

BABAUTA, Leo. *Zen To Done: The Ultimate Simple Productivity System*. Kindle Edition, 2013.

BAUTA, Leo. *Quanto menos, melhor*. Rio de Janeiro: Sextante, 2010.

BARBOSA, Christian. *A tríade do tempo*. Rio de Janeiro: Elsevier, 2004.

BARBOSA, Christian. *Equilíbrio e resultado*. Rio de Janeiro: Sextante, 2012.

BAUMEISTER, Roy F.; TIERNEY, John. *Força de vontade: a descoberta do poder humano*. São Paulo, Lafonte, 2012.

BES, Fernando Trías. *O vendedor de tempo*. Rio de Janeiro, BestSeller, 2008.

BLANCHARD, Kenneth; ONCKEN, William Jr.; BURROWS, Hal. *O gerente minuto e a administração do tempo*. Rio de Janeiro, Editora Record, 2005.

BLOCH, Arthur. *A Lei de Murphy e outros motivos por que tudo dá errado!* Rio de Janeiro, Record, 1977.

CARLSON, Richard; BAILEY, Joseph. *No ritmo da vida*. Rio de Janeiro, Rocco, 2002.

CARROL, Ryder. *O Método Bullet Journal*. São Paulo, Fontanar, 2019.

CAUNT, John. *Organize-se*. São Paulo, Clio Editora, 2006.

CERBASI, Gustavo; CHRISTIAN, Barbosa. *Mais tempo mais dinheiro*. Rio de Janeiro, Thomas Nelson Brasil, 2009.

CHAPMAN, Elwood. *Rate Your Skills as a Manager: A Crisp Assessment Profile*. São Francisco/CA, Crisp Publications, 1991.

CIRILLO, Francesco. *A técnica do pomodoro*. Rio de Janeiro, Sextante, 2019.

COVEY, Stephen R. *Os 7 hábitos das pessoas altamente eficazes*. Rio de Janeiro, BestSeller, 2007.

DINIZ, Abílio. *Caminhos e escolhas: o equilíbrio para uma vida mais feliz*. Rio de Janeiro, Elsiever, 2004.

Diversos autores. *Assumindo o controle do seu tempo*. Rio de Janeiro, Elsevier, 2007.

DOYLE, Arthur Conan. *Um estudo em vermelho*. São Paulo, LP&M Pocket, 1998.

DUHIGG. *O poder do hábito*. Rio de Janeiro: Objetiva, 2012.

ENDE, Michael; STAHEL, Monica. *Momo e o senhor do tempo ou a extraordinária história dos ladrões de tempo e da criança que trouxe de volta às pessoas o tempo roubado*. São Paulo, WMF Martins Fontes Editora, 2012.

ELROD, Hal. *O milagre da manhã*. Rio de Janeiro, BestSeller, 2019.

EXUPÉRY, Antoine Saint. *O pequeno príncipe*. Rio de Janeiro, HarperCollins Brasil, 2018.

FOSTER, Mark. *Até que enfim mais tempo*. São Paulo, Editora Fundamento Educacional, 2009.

FOSTER, Mark. *Deixe para amanhã*. São Paulo, Futura, 2007.

FRANKL, Viktor E. *Em busca de sentido: um psicólogo no campo de concentração*. São Paulo, Editora Vozes, 2009.

GAWANDE, Atul. *Checklist: como fazer as coisas benfeitas*. Rio de Janeiro, Sextante, 2011.

GLEGG, Brian. *Organize a sua vida e o seu trabalho já!* Rio de Janeiro, Qualitymark, 2002.

GODINHO, Thais. *Casa organizada*. São Paulo, Editora Gente, 2016.

GODINHO, Thais. *Vida organizada*. São Paulo, Editora Gente, 2014.

GOLEMAN, Daniel. *Foco: A atenção e seu papel fundamental para o sucesso*. Rio de Janeiro, Objetiva, 2014.

GRUN, Anselm; ASSLANDER, Friedrich. *Administração espiritual do tempo*. Petrópolis, Vozes, 2010.

GUISE, Stephen. *Mini hábitos: como alcançar grandes resultados com o mínimo esforço*. São Paulo, Objetiva, 2019.

HALLOWELL, Edward M. *Sem tempo para nada*. Rio de Janeiro, Editora Nova Fronteira, 2007.

HAN, Byung-Chul Han. *Sociedade do cansaço*. Petrópolis, Editora Vozes, 2014.

HONORÉ, Carl. *Devagar: como um movimento mundial está desafiando o culto da velocidade*. Rio de Janeiro, Editora Record, 2007.

HOFSTADTER, Douglas. *Gödel, Escher, Bach: um entrelaçamento de gênios brilhantes*. Brasília, Fundação Universidade de Brasília, 2001.

IMAI, Masaaki. *Kaizen: A estratégia para o sucesso competitivo*. São Paulo, Imam Editora, 1999.

IMAI, Masaaki. *Gemba Kaizen: Uma abordagem de bom senso à estratégia de melhoria contínua*. Porto Alegre, Bookman, 2014.

JONSSON, Bodil. *Dez considerações sobre o tempo*. Rio de Janeiro, José Olympio Editora, 2004.

KESTENBAUM, Normann. *Obrigado pela informação que você não me deu!* Rio de Janeiro, Elsevier, 2008.

KOCK, Richard. *O estilo 80/20*. Rio de Janeiro, Sextante, 2009.

KONDO, Marie. *A mágica da arrumação*. Rio de Janeiro, Sextante, 2015.

KUNDTZ, Dr. David. *A essencial arte de parar*. Rio de Janeiro, Sextante, 2005.

MARTIN, Chuck. *Café com eficiência*. Rio de Janeiro, Sextante, 2008.

MASI, Domenico de. *O ócio criativo*. Rio de Janeiro, Sextante, 2000.

MAXWELL, Maltz. *Liberte sua personalidade: uma nova maneira de dar mais vida à sua vida*. São Paulo, Summus Editorial, 1981.

MCCORMACK, Mark H. *What They Don't Teach You at Harvard Business School*. London, Profile Books, 2014.

MEYER, Paul J. *25 Chaves para o sucesso*. SOCEP Editora, Santa Bárbara d´Oeste, 2005.

MISCHEL, Walter. *O teste do marshmallow*. Rio de Janeiro, Objetiva, 2016.

MORAZ, Eduardo. *Administre seu tempo com o Outlook*. São Paulo, Digerati Books, 2005.

NEWPORT, Cal. *Trabalho focado: como ter sucesso em um mundo distraído*. Rio de Janeiro, Alta Books, 2018.

NIETZSCHE, Friedrich. *A gaia ciência*. São Paulo, Companhia das Letras, 2012.

NIETZSCHE, Friedrich. *Humano, demasiado humano: um livro para espíritos livres*. Lisboa, Editora Relógio D'Água, 1997.

OLIVEIRA, Rosiska Darcy de. *Reengenharia do tempo*. Rio de Janeiro, Rocco, 2003.

PERLOW, Leslie A. *Sleeping With your Smartphone: How to Break the 24/7 Habit and Change the Way You Work*. EUA, Harvard Business Schooll Publishing Corporation, 2012.

RIZZO, Paula. *Listomania: Organizando pensamentos*. São Paulo, DVS Editora, 2016.

SCHWARTZ, Barry. *O paradoxo da escolha: porque mais é menos*. São Paulo, A Girafa Editora, 2007.

SCHWARTZ, Tony. *Não trabalhe muito, trabalhe certo!* São Paulo, Campus, 2011.

SELIGMAN, Martin E. *Felicidade autêntica: usando a psicologia positiva para a realização permanente*. Rio de Janeiro, Objetiva, 2009.

SHOOK, Kerry; SHOOK, Chris. *Um mês para viver*. Editora Mundo Cristão, São Paulo, 2008.

SMALLIN, Donna. *Organize-se num minuto: 500 dicas para pôr ordem em sua vida*. São Paulo, Editora Gente, 2005.

SONG, Mike; BURRESS, Tim; HALSEY, Vicki. *A revolução do hamster*. Lisboa, Editora Actual, 2008.

STEEL, Peirs. *A equação de deixar para depois*. Rio de Janeiro, BestSeller, 2012.

THALENBERG, Marcelo. *Socorro, roubaram meu tempo!* São Paulo, Editora Érica, 2004.

TRACY, Brian. *Comece pelo mais difícil*. Rio de Janeiro, Sextante, 2017.

TRECHERA, José Luis. *A sabedoria da tartaruga*. São Paulo, Editora Academia da Inteligência, 2009.

VADEN, Rory. *Procrastinate on Purpose: 5 Permissions to Multiply Your Time*. Nova Iorque, Penguin Putnam Inc, 2005.

VANDERKAM, Laura. *168 Hours: You Have More Time than You Think*. Nova Iorque, Portfolio/Penguin Books, 2011.

VANDERKAM, Laura. *What the Most Successful People Do Before Breakfast*. Nova Iorque, Portfolio/Penguin Books, 2013.

VIEIRA, Fernando; CHERMAN, Alexandre. *O tempo que o tempo tem*. Rio de Janeiro, Jorge Zahar Editora, 2008.

WARE, Bronnie. *Antes de partir: os 5 principais arrependimentos que as pessoas têm antes de morrer*. São Paulo, Editora Geração, 2012.

WIESS, Donald. *Organize sua vida!* São Paulo, Nobel, 2002.

WILLIAMS, Mark; PENMAN, Danny. *Atenção plena mindfulness: como encontrar a paz em um mundo frenético*. Rio de Janeiro, Sextante, 2015.

REVISTA INCÊNDIO. São Paulo, Editora Casa Nova, ed. 163, fev. de 2019.

SITES CONSULTADOS:

http://www.ismabrasil.com.br/

https://www.bcg.com/

https://www.hbs.edu/faculty/Pages/profile.aspx?facId=24278)

https://www.authentichappiness.sas.upenn.edu/

https://theenergyproject.com/team/tony-schwartz/

https://www.tmiworld.com/

https://caminhodafe.com.br/ptbr/

www.futureme.org

https://www.strava.com/

https://bucketlist.org/

https://filofax.co.uk/

https://www.redfax.com.br/

https://www.kikki-k.com/diaries-calendars/planners

http://bulletjournal.com/

www.ted.com

CONTATOS COM O AUTOR E INFORMAÇÕES SOBRE CURSOS E PALESTRAS EM

WWW.ACADEMIADOTEMPO.COM.BR,

SERGIO@ACADEMIADOTEMPO.COM.BR

OU (11) 99891-6266.

ÍNDICE

A

A arte de dizer não 212
Abílio Diniz 78
Academia do Tempo 41, 156, 216
Administração
do tempo 249
Administração do Tempo 28, 40, 51,
110, 112, 125, 212
Agenda 116
Albert Einstein 48
Amyr Klink 70

B

Bagunças organizadas 99
Barry Schwartz 128
Benjamin Franklin 29, 122
Bloco de atacado 202
Bucket Lists 114, 115
Bullet Journal 124, 145

C

CEO 228
Checklists 99, 100, 125
Ciclo PDCA 104
Conceito
de tempo justo 16
Conjunto de valores e princípios 76
Controladores 55, 56
Crises 105
Cronos 249

D

Declarações pessoais de missão 76
Deep Work 177, 217
Delegação inversa 196
Desempenho profissional 23

Dias de 16 horas 138
Distribuição de tempo 56
Doença da pressa 186
Dwight Eisenhower. *Consulte
também* Matriz de Urgência e
Importância

E

Efetividade de projetos 84
Estoque de rotinas 113, 193
Estoque de tempo 133, 208
Estratégia 64
Eterno Retorno de Nietzsche 95
Eu
do agora 160
do amanhã 160
Evernote 110, 132

F

Fadiga de decisão. *Consulte
também* Roy Baumeister
Fair play 217
Falta de tempo 15
Ferramentas de organização 14
Filosofia do Kaizen 104
Foco em resultados 20
Frações executáveis 152
Francesco Cirillo 174
Frederick Taylor 20
Friedrich Nietzsche 20

G

Gestão
de crises 211
de energia 164
de estresse 156

de projetos 53
de rotinas 96
pela Qualidade Total 104
Gráfico Semanal de Franklin 123
GTD - Getting Things Done 97

H

Hábitos aliados 87
Henry Ford 20

I

Impotência aprendida 22

J

Jornadas de trabalho 245
Just in Time 104

K

Kairós 248, 249
Kaizen Institute 104
Karoshi 18

L

Lei de Hofstadter 140
Lei de Pareto 153
Lei de Parkinson 141
Lista
  de estratégia de 72 horas 136
  de Tarefas 108, 121, 128
  de Verificação 110, 125
  Mestra 110, 136, 125
  específica 114
  geral 113
  mínima 164

M

Martin Seligman. *Consulte*
  também Impotência aprendida
Matriz de Eisenhower 58
Matriz de Urgência e Importância 41,
  42
Meta
  final 91
  intermediária 91

Método Einstein 42, 48, 49, 53, 58,
  96, 107, 108, 132, 152, 164, 167,
  191, 222
Método GTD 198
Método Seinfeld de produtividade 89
Método SMART 65, 66, 71, 196
Mindfulness 182
Minutos cafezinho 145
Miopia do Tempo 44
Mito do multitarefa 167, 173
Momentos monge 181
Mudança de comportamento 57

N

Noreena Hertz 127

O

Ócio 221

P

Papéis 236
  do EU 228, 231, 234
  sociais 231
Paradoxo da escolha 128
Paradoxo do trabalho 244
Paula Rizzo 126
Plano de ação 67
Postura proativa 202
Princípio 80/20 191. *Consulte*
  também Lei de Pareto
Princípios 77
Priorização do tempo 44, 48
Produtividade 20, 23, 24
Projetos 62, 83, 106, 133
  elefante 63, 65, 86
Propósito 238, 240, 245
  de vida 224
Proteladores
  conscientes 193
  crônicos 92

Q

Qualidade versus Quantidade 240

R

Realização de projetos 64
Realizadores 55
Recursos de organização 14
Redução do Estresse 135
Regra dos 21 dias 87
Reuniões eficazes 156
Roda da Vida
   do Budismo 79
Rotina 52, 53, 94
Roy Baumeister 128

S

Salvadores da Pátria 55, 57
Síndrome de Burnout 18
Síndrome do Fantástico 95
Solução de crises 49
Stephen Covey 41
STRAVA 89
Super ocupados involuntários 22

T

Tear de Penélope 112
Técnica
   do atacado 197
   do Elefante 63
   Pomodoro 142, 174, 223

Técnica do funil 118

Tempo 29
   como recurso 30
   democrático 31
   indispensável 34
   irrecuperável 32
   limitado 33
   volátil 31, 32
Tempo Oportuno 71
Time is Money 18
To do list 121
Tony Schwartz 19
Trello 132

U

Um dia talvez 199
Utilizadores do tempo 55

V

Valores 78
Viés do amanhã 158

W

Walter Mischel 158
Workaholics 221, 222, 233

Z

Zona de conforto 22